Indice

Capitolo III

Capitolo IV

Introduzione

Nella società in cui viviamo, l'educazione e i temi ad essa connessa sono una delle questioni di cui si discute maggiormente e coinvolge sia gli adulti sia i bambini, in vari ambiti.

La famiglia, all'interno del processo formativo, occupa un ruolo principale, ma non bisogna, sicuramente, sottovalutare l'attività svolta all'interno delle scuole, da parte del personale docente ma più in generale dall'intero sistema scuola, che caratterizza e assorbe buona parte dei primi anni di vita e di formazione dei bambini.

Nel lavoro che ho svolto la scuola ha un ruolo principale nel processo formativo del bambino, infatti essa è il luogo in cui si può e si deve parlare di tematiche sociali/ecologiche di rilievo senza dimenticare la programmazione classica. L'obiettivo-missione, che l'insegnante, deve perseguire è quello di sviluppare un progetto formativo, ben calato nella realtà, presente e puntuale sui temi sociali più cogenti ma allo stesso in linea con le programmazioni scolastiche ministeriali e non denaturando le competenze e conoscenze specifiche delle differenti materie.

In una prima fase del mio lavoro, prima di definire nel dettaglio la mia idea di intervento concreto volto all'insegnamento delle scienze ed in particolar modo dell'effetto serra e delle sue implicazioni sull'ambiente, ho tracciato alcune linee guida sulle tematiche della scienza dell'educazione e del concetto di apprendimento.

Questa prima parte, che coincide con il primo capitolo, è da ritenersi una vera e propria introduzione, se pur sintetica ma doverosa, sulle maggiori scuole di pensiero pedagogico e le loro opinioni in merito del processo di apprendimento.

Ho delineato, se pur sinteticamente le tappe fondamentali della corrente del comportamentismo e dei suoi maggiori esponenti; ho parlato del concetto di apprendimento indotto, tipico del modello Binet – Guilford, e dell'apprendimento spontaneo caratterizzante la matrice cognitivista.

Nella parte del mio lavoro da considerare, come già detto introduttiva, va citato anche il secondo capitolo, in cui mi sono soffermata sulle tematiche tipiche della questione ambientale e dell'effetto serra.

Ho sottolineato spesso come a partire dai primi anni novanta, uno degli argomenti più dibattuti e controversi è la ricerca della possibile correlazione tra l'aumento dell'anidride carbonica (CO_2) in atmosfera e il riscaldamento globale legato al cosiddetto "effetto serra".

Ho anche sottolineato come l'effetto serra sia un fenomeno climatico-atmosferico naturale, da sempre presente sul nostro pianeta, è un fenomeno senza il quale la vita, come la conosciamo adesso, non sarebbe possibile. È solo a causa delle alterazioni, compiute dall'uomo che l'effetto serra è divenuto problematico e in un certo qual senso pericoloso. Infatti, se pur in se il processo dell'effetto serra sia naturale e funzionale alla vita umana, si comincia gradualmente negli anni a parlare di rischi e di danni al nostro ecosistema. Ciò avviene in base alle alterazioni registrate delle percentuali dei gas serra immessi in atmosfera delle principali attività umane. Il dato preoccupante è che a partire dal novecento il livello di CO_2 in atmosfera è aumentato del 40% rispetto al secolo precedente. Nel 2014, il gruppo intergovernativo dell'ONU, ha redatto l'ultimo report sul riscaldamento globale, divulgando notizie sull'andamento della temperature del nostro pianeta per nulla confortanti, infatti, se si vorrà contenere il surriscaldamento, entro la fine secolo, sotto i famosi 2°C, ritenuti il tetto massimo da non superare, le emissioni di anidride carbonica dovranno essere tagliate di più del 40% entro il 2050.

Nella seconda parte del mio lavoro espongo il metodo montessoriano e la sua applicazione non tanto al sistema scolastico in genere, quanto all'insegnamento dell'educazione ambientale. Ho esaltato la dimensione ludica e sperimentale come mezzo di rilievo in tutto il processo formativo in cui il bambino è coinvolto per creare una sensibilità nuova e costruttiva verso l'ambiente e il territorio.

Lo studio delle scienze naturali e dell'ecologia si pone come un importante tassello dello sviluppo cognitivo del bambino, volto a far emerge un senso critico e valutativo, mediante l'acquisizione di un vero e proprio metodo di pensiero e una nuova visione della vita, non rappresenta un semplice accumulo di informazioni. L'educazione ambientale non è volta solo a delineare dei dettami comportamentali, ma è propositiva per la formazione di una coscienza e mentalità ambientale-ecologica che sfocia non solo in modi di agire ma anche e soprattutto in un modo di pensare nuovo e più responsabile, essa infatti promuovere un cambiamento negli atteggiamenti e nei comportamenti individuali e collettivi.

Dopo aver definito il ruolo dell'educazione ambientale ho provato ad elaborare delle basi concettuali di riferimento per perseguire al meglio l'insegnamento di questa materia. Gli argomenti basilari, che il bambino dovrà assimilare, per una corretta comprensione della tematica ambientale si possono così raggruppare: gli elementi naturali (suolo, acqua, aria) e le loro caratteristiche; la specie e l'evoluzione, la biodiversità e l'ecosistema.

Per ogni concetto ho mostrato delle brevi linee guida da seguire per favorire l'assimilazione dei nuovi contenuti da parte degli alunni.

Inoltre va sempre tenuto presente che la scuola non è fatta solo di programmi, che forniscono la cornice teorica sulla quale si snoda l'intera programmazione didattica, ma è fatta di esperienze, sperimentazioni e costruzione di nuovi input per promuovere una cultura dell'ambiente a scuola. Questa cultura a sua volta è un punto insindacabile di riferimento per lo sviluppo del sapere didattico

Proprio per esaltare e valorizzare un approccio "giovane" più interattivo e nuovo nei confronti del bambino, ripropongo alcuni materiali divertenti e semplici, ma allo stesso tempo dagli alti contenuti formativi. Mi riferisco a due video animati, appositamente confezionati per i bambini e con argomento le fonti di energia rinnovabili, in particolare la Dorella una biomassa, che se coltivata può essere un valido contrasto delle emissioni di CO^2 e il buco nell'ozono e le dovute precauzioni da mantenere. Va sempre tenuto ben presente che il ruolo degli insegnanti, di tutte le discipline scolastiche non si esaurisce solo alle ore d'insegnamento in aula, ma è un percorso di ricerca e crescita che si articola anche all'esterno della scuola, non solo nella scelta dei materiali didattici, ma anche delle possibilità nuove di apprendimento che i supporti interattivi. Nella parte conclusiva del mio lavoro, mi sono soffermata su alcuni esperimenti scientifici facilmente riproducibili, sull'effetto serra, la fotosintesi e l'emissione di CO^2. Per un bambino condurre un esperimento scientifico è un esperienza molto simile a quella sperimentata nella dimensione ludica che sottende la scoperta, la novità e si allontana dalla dimensione quotidiana un po' ripetitiva delle lezioni frontali che avvengono regolarmente in aula. Nel mio lavoro ho cercato costantemente di veicolare l'idea che i bambini vanno aiutati a sviluppare un rapporto positivo con la natura, sentendosi parte di essa e non dei semplici spettatori ma bensì dei protagonisti vivi e attivi nell'ambiente che li nutre e protegge.

Capitolo I

L'apprendimento e la formazione della conoscenza

Nelle società industriali, gli studiosi ci parlano di due tipi fondamentali di socializzazione poste alla base del processo formativo: la socializzazione primaria e la socializzazione secondaria. Questi due tipi di socializzazione sono l'una il naturale proseguo dell'altra. La socializzazione primaria avviene nei primi anni di vita e si svolge nel nucleo familiare e nel gruppo dei pari; la socializzazione secondaria avviene successivamente in una età più adulta, ad esempio avviene nel contesto lavorativo. Questi due momenti non sono da intendersi come slegati e discontinui, anzi la formazione scolastica in questi termini si pone come un vero e proprio ponte fra questi due processi di acquisizione di informazioni e più nello specifico di conoscenze e interiorizzazione delle stesse.

La conoscenza e la sua acquisizione rappresentano uno strumento di potere, sugli altri e su se stessi, così come rappresentano la capacità di padronanza del mondo esterno e delle sue leggi ma anche dell'universo interiore dell'individuo. Si può accedere alla conoscenza, e alla sua interiorizzazione, in una prima fase con l'educazione ancor prima dell'istruzione scolastica vera e propria, ma ciò può avvenire soloin un contesto con parametri normali e quindi ricco di informazioni; al contrario in contesti più difficili e carenti si può essere esclusi dal processo di acquisizione di conoscenza. L'infanzia come l'adolescenza sono le basi da cui si formerà il soggetto adulto, in questi due stadi vitali il bambino/ragazzo è soggetto a grandi fragilità e allo stesso tempo racchiude in se un ingente bagaglio di potenzialità e aspettative.[1]

L'Apprendimento, nel senso pedagogico più ampio, è una modificazione relativamente duratura e stabile del comportamento dell'individuo, a seguito di una esperienza maturata, che di solito viene ripetuta più volte nel tempo. Fino a creare quella che chiamiamo conoscenza o più in generale bagaglio culturale.

L'apprendimento va distinto dalle semplici modificazioni del comportamento, dovute a condotte istintive o processi maturativi ed evolutivi naturali, che si manifestano nei primi anni di sviluppo. Infatti, l'apprendimento è da intendersi come un atto volontario, che costruisce

---

[1] Betti C., Di Bello G., F. Banchetti, G. Baldini, U. Cattabrini, P. Causarano, Percorsi storici della formazione, Apogeo, Lavis (TN), 2010.

nuovi significati che a loro volta creano, per l'individuo, nuovi percorsi e scenari. La specie umana è in grado di "costruire" il proprio apprendimento e quindi il proprio vantaggio evolutivo, rispetto alle altre specie mediante la graduale acquisizione di conoscenza.

L'apprendimento è l'asse portante che genera i processi che danno vita allo sviluppo psicologico vero e proprio dell'individuo.

Nella storia si è tentato più volte di definire i meccanismi di apprendimento, focalizzandosi di volta in volta su differenti aspetti che caratterizzano l'individuo e le fasi dell'apprendimento. Nella letteratura e nella storia si trovano diverse definizioni dei "processi di apprendimento". Come si è visto in tutta la prima metà del secolo scorso il comportamentismo è stato l'approccio predominante che si proponeva di studiare il comportamento umano in prospettiva di "comportamenti osservabili", secondo un paradigma "stimolo-risposta", ma trascurando le esperienze soggettive come i sentimenti, le emozioni, le aspettative e le motivazioni messe in gioco dall'individuo che si prepara ad apprendere. È dalla necessità di studiare i "processi mentali" che comincia a svilupparsi, nella metà degli anni '50, la teoria cognitivista. La psicologia cognitiva si interessa ai processi cognitivi, quali il linguaggio, la memoria e il pensiero, guardando la mente umana come un grande elaboratore d'informazioni. Negli anni '70 si ha un'evoluzione di quest'approccio, si comincia a definire una teoria sociale cognitiva, incentrata maggiormente verso il contesto socio-culturale e le sue dinamiche che influenzano l'apprendimento. Accanto a tale approccio nasceva, dalla necessità di ipotizzare la possibilità per il soggetto di riflessione sui propri processi mentali, l'approccio metacognitivo. Si cominciano ad indagare tutte quelle attività che permettono di guidare e regolare l'apprendimento e il funzionamento cognitivo nelle situazioni di risoluzione di problemi.

Nel mio lavoro cerco, sulle numerose teorie sull'apprendimento e la costruzione della conoscenza, di esporre alcuni tratti riassuntivi e maggiormente significativi, senza nessuna pretesa di voler illustrare un quadro esaustivo e completo.

1 Il comportamentismo: un primo approccio all'apprendimento

La nascita della corrente comportamentista si fa risalire al 1913 e si può dividere in tre fasi distinte. La fase del condizionamento classico (1913-1930); la fase del condizionamento operante (1930-1950) e la fase dell'apprendimento sociale (1950-1980)[2].

Tra le più note teorie comportamentiste, di stampo classico, rientrano quelle della scuola riflessologica russa, il cui maggiore esponente è Ivan Pavlov. Negli esperimenti condotti su animali da Pavlov, tra il 1849 e il 1936, ci si accorge che i cani producono saliva anche con rumori che precedono la somministrazione del cibo, come ad esempio la vista stessa della ciotola o i passi dell'inserviente che normalmente gli somministra da mangiare. Questi rumori producono un riflesso che non è innato ma bensì appreso dovuto quindi ad un condizionamento. Così Pavlov decise di studiarli in modo sistematico con una metodologia

---

[2]Clotilde Pontecorvo *Manuale di Psicologia dell'educazione*, Il Mulino, Bologna, 1999.

sperimentale, introducendo uno stimolo nuovo: un campanello che veniva suonato ogni qual volta ci si accingesse a somministrare il cibo agli animali. Pavlov ha dimostrato che i cani salivavano semplicemente al suono del campanello; se ne deduce che uno stimolo inizialmente neutro presentato per molte volte in stretta contiguità temporale con uno stimolo, che per sua natura evoca una risposta riflessa, è in grado di evocare una risposta riflessa simile a quella prodotta dallo stimolo già comprovato.

Negli anni successi a queste teorizzazioni, si afferma e prende piede il behaviorismo americano, che promuove il condizionamento strumentale o operante, tra i suoi maggiori esponenti si annovera Skinner Burrhus. Negli esperimenti di questo studioso, a differenza di quelli illustrati per Pavlov, il condizionamento a cui assistiamo è di tipo operante. Skinner nota come gli animali imparino a produrre risposte nuove in presenza di determinati stimoli, per esempio un ratto assetato rinchiuso in una gabbia impara a premere una leva per ottenere l'acqua e dissetarsi. I comportamenti operanti aumentano in funzione del rinforzo e diminuiscono in funzione della punizione. Infatti, qualsiasi tipo di evento conseguente ad una risposta è in grado di incrementare o diminuire la probabilità che essa venga prodotta. Il rinforzo può essere positivo (cibo, acqua) o negativo (scossa, rumore fastidioso). La punizione, anch'essa, può essere positiva (stimolo doloroso) o negativa (sottrarre qualcosa di gratificante).

Senza addentrarci troppo negli esempi e nelle teorie delle due scuole, si può concludere che entrambe affrontano il processo di apprendimento come una semplice acquisizione di abitudini che avviene per prove ed errori, fino a raggiungere la risposta corretta.[3]

Molto interessante si rivela la fase dell'apprendimento sociale, affermata intorno agli anni 50 ad opera di Albert Bandura. La teoria dell'apprendimento sociale è una delle prime di Albert Bandura. L'autore dimostra chiaramente come il processo dell'apprendimento non sia legato necessariamente al contatto diretto con gli oggetti, così come già Pavlov e Skinner, avevano dimostrato con le differenti teorie degli stimoli. La novità di questa teoria risiede nel ruolo rivestito dall'esperienza indiretta, maturata attraverso l'osservazione di altre persone. Avviene il così detto modellamento, il processo mediante il quale siamo portati a mutare il nostro comportamento in seguito all'osservazione di un altro individuo, che riveste la funzione di

[3]Fabboni F., Pinto Minerva F., *Manuale di pedagogia e didattica*, Laterza, Bari, 2003.

modello, che muta il proprio. Si attuano dei processi all'interno del gruppo sociale di appartenenza, mediante i quali in modo indiretto si apprende a fare qualcosa attraverso l'imitazione e la riproduzione[4]. Questo tipo di apprendimento, si verifica se l'osservatore coglie il comportamento osservato come modello valido da apprendere, quindi nutre un alto coinvolgimento nei confronti del modello, ma anche se esiste la capacità di ricordare e richiamare il modello comportamentale a distanza di tempo quando si sviluppano le situazioni adeguate in cui poterlo ripetere così come lo si è osservato. Questo processo di identificazione è legato anche ad aspetti affettivi, e si ritrova spesso in condotte di identificazione che le persone adottano in determinati ruoli o personaggi sociali specifici.

A prima vista, può sembrare alquanto primitivo applicare all'uomo le conclusioni tratte dall'osservazione sugli animali. Ma in realtà la psicologia comportamentista non è superficiale come potrebbe apparire. Essa non sottovaluta affatto la differenza esistente tra processi di apprendimento elementari, come quelle degli animali, e attività intellettuali astratte e maggiormente complesse tipiche dell'essere

[4]Clotilde Pontecorvo *Manuale di Psicologia dell'educazione*, Il Mulino, Bologna, 1999.

umano. Ma tuttavia il condizionamento agli stimoli è considerato come una componente della condotta umana che può interagire con l'attività intellettuale stessa e che, quindi, studiare ed avere conoscenza delle condizioni che la determina, può essere liberamente utilizzata dall'uomo per le proprie finalità. Ma gradualmente si cominciano a muovere le prime critiche a questo modello e se ne propone il suo superamento con l'affermarsi di teorie con un approccio psicologico dell'apprendimento di matrice cognitivista, radicalmente opposto alla posizione teorica di skinner. Il cognitivismo mette infatti con forza l'accento sui processi interni e sugli stati mentali umani che favoriscono il raggiungimento di un obiettivo.

2 Il cognitivismo e l'apprendimento spontaneo

L'apprendimento è un processo conoscitivo che trae origine dal bisogno di semplificare e al tempo stesso strutturare il mondo reale che ci circonda. Tale processo è studiato e indagato analizzando i cambiamenti che avvengono nelle strutture cognitive del soggetto e nella sua personalità, in seguito del maturare del complesso rapporto fra motivazione all'apprendimento e all'acquisizione stessa delle informazioni che si vogliono possedere.

Dall'inizio degli anni Sessanta del secolo scorso, si è assistito a un progressivo proliferare e ramificarsi degli studi d'impostazione cognitivista, i cui principali teorici sono il filosofo dell'educazione John Dewey e i gli psicologi dell'educazione Lev Vygotsky, Jean Piaget, e Bruner[5].

Piaget è uno dei maggiori teorizzatori dell'idea che l'essere umano è un soggetto attivo nel processo di costruzione della propria conoscenza. I più recenti orientamenti teorici in ambito psicologico vedono il processo di apprendimento come un processo attivo vissuto dall'uomo

[5]Camaioni L., Di Blasio P., *Psicologia dello sviluppo*, il Mulino, Bologna, 2007

in prima persona. Secondo queste teorie l'uomo è un soggetto che autonomamente sceglie di apprendere determinate informazioni anziché altre, perché le ritiene più interessanti, utili o conformi alla sua persona. Infatti, dopo l'elaborazione dell'informazione, esso attua un processo mediante il quale modifica l'informazione ricevuta e la conserva facendola diventare parte integrante di se.

L'individuo non subisce passivamente le informazioni, se questo accade non si può parlare di conoscenza, infatti, tali informazioni imposte saranno in breve rimosse, solo ciò che viene scelto dall'individuo autonomamente e riconosciuto come informazione valida verrà incamerata per avviare un reale processo di costruzione di conoscenza.

La conoscenza, secondo Piaget avviene attraverso due fasi: l'assimilazione e l'accomodamento. L'assimilazione avviene grazie all'utilizzo del ricordo che il bambino possiede, degli oggetti del suo ambiente e delle loro relazioni, che già largamente conosce, per applicarli però ad un nuovo oggetto o ad una situazione mediante appunto modelli antecedentemente assimilati e quindi familiari; questo processo è tipico della prima fase dello sviluppo.[6] Nell'assimilazione, il soggetto immette nei propri schemi concettuali, oramai consolidati e noti, nuove informazioni compatibili con gli schemi "vecchi" ampliandoli e completandoli, per agire al meglio davanti a situazioni nuove che richiedono una soluzione.

Nella seconda fase dello sviluppo cognitivo invece prevale l'accomodamento. Il bambino è in grado di compiere un'osservazione attiva del mondo che lo circonda. Ciò che lui conosce, in questa fase, può essere modificato all'insorgere di una nuova situazione o necessità. Il soggetto è in grado di sistemare nuove informazioni non necessariamente compatibili con gli schemi precedenti, questo avviene quando l'individuo si rende conto che necessita di informazioni differenti, da quelle possedute, si rivela necessaria per risolvere e affrontare una situazione nuova. Ovviamente per creare un futuro adulto ben integrato nel mondo che lo circonda occorre mantenere l'assimilazione e l'adattamento come fenomeni interagenti e ben integrati fra loro.

[6] Berti A.E., Bombi A.S., *La psicologia del bambino*, il Mulino, Bologna, 1999

L'intelligenza è una perfetta sintesi tra assimilazione e accomodamento. Infatti, l'intelligenza mediante l'assimilazione incorpora nei propri schemi i dati dell'esperienza ma al tempo stesso con l'accomodamento gli schemi vengono riadattati in funzione dei nuovi dati. In maniera semplicistica possiamo affermare che l'assimilazione tende alla conservazione e l'accomodamento tende alla novità e all'innovazione. Queste due funzioni garantiscono un equilibrio tra continuità e cambiamento, mantenendo in equilibrio lo sviluppo cognitivo dell'individuo. Si può concludere che l'intelligenza è la più alta forma di adattamento umano all'ambiente che lo circonda, in cui l'assimilazione e l'accomodamento raggiungono una posizione di equilibrio ottimale. Nelle teorie di Piaget il bambino, durante le fasi del suo sviluppo, adotta un processo di autoregolazione interna che gli permette di mantenere e gestire al meglio l'equilibrio tra il vecchio e il nuovo, quindi di sviluppare una intelligenza tale da distinguere i momenti e le situazioni in cui applicare l'accomodamento o l'assimilazione a seconda delle necessità da appagare.

Lo sviluppo come processo, secondo Piaget, non è da intendere solo come un flusso continuo, poiché governato dalle funzioni invarianti dell'adattamento e dell'equilibrio, ma anche fenomeno discontinuo.

Con la crescita si verificano delle modificazioni strutturali così rilevanti da contrassegnare veri e propri stadi di sviluppo. Il passaggio da uno stadio all'altro può essere graduale e l'età in cui avviene può variare da un bambino all'altro, ma ogni stadio è qualitativamente diverso dal precedente, presenta regole specifiche e determinate caratteristiche peculiari. Questa differenza di sviluppo tra bambino e bambino dipende da innumerevoli fattori, non solo di intelligenza o percezione cognitiva, caratteristiche soggettive, ma anche da fattori esogeni, ambientali, economici e sociali in genere. Le acquisizioni di uno stadio non si perdono con il passaggio allo stadio successivo, ma vengono integrate in strutture più evolute.

Secondo Piaget, lo sviluppo cognitivo che si attraversa tra la nascita e l'adolescenza, si presenta suddiviso in quattro stadi principali: senso-motorio, preoperatorio, operatorio concreto e operatorio formale.[7]

Nello specifico lo stadio senso-motorio, va dalla nascita ai due anni d'età, Il bambino in questo stadio percepisce ed interagisce con il mondo circostante attraverso le sue percezioni sensoriali. Nello stadio preoperatorio, che va dai due ai sei anni d'età, Il bambino comincia a

[7] Camaioni L., Di Blasio P., *Psicologia dello sviluppo*, il Mulino, Bologna, 2007

sviluppare la propria capacità di raffigurare mentalmente gli oggetti, riuscendo a suddividerli e classificarli in gruppi. Comincia a capire che possono esistere punti di vista differenti dal suo e compaiono i primi giochi di fantasia. Dai sei ai dodici anni il bambino attraversa lo stadio operatorio concreto, rappresentato dalla crescente capacità logico-matematica, infatti, in questa fase il bambino è in grado di compiere manipolazioni mentali e fisiche. Nello stadio operatorio formale, dai dodici anni in poi, l'adolescente è in grado elaborare idee complesse, organizzare eventi ed elaborare concetti critici sugli oggetti e il mondo esterno in genere. Anche la capacità di immaginare risulta potenziata, può immaginare cose che non ha mai visto, pensare in termini ipotetico-deduttivo per risolvere problemi inconsueti e mai sperimentati prima.[8]

Lev Vygotsky, mette chiaramente in luce come le teorie dell'assimilazione e l'accomodamento di Piaget trascurino la dimensione socio- culturale in cui il bambino vive ed interagisce con gli altri suoi simili. Lo sviluppo mentale non può intendersi come un processo individuale ma un processo di assimilazione di forme culturali determinate dal contesto esterno. La prima fase di sviluppo delle

[8] Camaioni L., Di Blasio P., Psicologia dello sviluppo, il Mulino, Bologna, 2007.

capacità cognitive avviene, secondo Vygotskij, con la sperimentazione concreta di elaborazioni che permettono al bambino di interagire con e sull'ambiente che lo circonda. L'influenza della cultura, dei pari e degli adulti è determinante nello sviluppo del bambino. In tali termini l'apprendimento è un fenomeno collettivo, in cui l'intelligenza non è propriamente nostra ma bensì il prodotto della storia e della cultura che noi viviamo in un dato momento.

Le informazioni culturali che il bambino assimila sono veri e propri strumenti culturali che determinano e rendono concrete le aspettative che il gruppo di appartenenza nutre verso il bambino, che riesce così a costruire il proprio punto di vista sul mondo. Seguendo il modello cognitivo, proposto da Vygotskij, esistono tre modalità per trasferire da individuo a individuo gli strumenti culturali: L'apprendimento imitativo, istruito e collaborativo. Nel primo tipo si tende ad imitare il comportamento di un'altra persona; nell'apprendimento istruito si ricorda gli insegnamenti ricevuti e li si usa come mezzo di autoregolazione; in fine nell'apprendimento collaborative si ha un gruppo di pari in cui gli individui cercano di capirsi reciprocamente e di collaborare per apprendere le specifiche capacità. Vygotskij parla di zona di sviluppo prossimale, un concetto focale su cui ruota l'intera sua teoria. La zona di sviluppo prossimale è definibile come la distanza tra il livello di sviluppo posseduto e il livello di sviluppo potenziale, cioè che si potrebbe avere con l'aiuto di altre persone, che siano adulti o appartenenti al gruppo dei pari con un livello di competenza maggiore a quello già posseduto. Anche per Vygotskij, come per Piaget, un ragazzo che apprende dovrebbe essere considerato come un protagonista attivo, coinvolto, responsabile e non come soggetto passivo di un apprendimento deciso da altri. Ma il punto focale di differenza, fra i due autori risiede nel concetto di zona di sviluppo prossimale. I problemi che riguardano la zona di sviluppo prossimale non possono essere risolti dal bambino autonomamente, ma solo con assistenza e l'ausilio degli altri. La zona di sviluppo prossimale definisce quelle funzioni che non sono ancora mature nel bambino, ma che sono nel processo di maturazione, funzioni che matureranno domani e che sono al momento ancora in uno stadio embrionale.

Nella parte finale e programmatica del mio lavoro mi soffermerò maggiormente sulle teorie di Vygotskij, per quel che riguarda i requisiti del contesto educativo per favorire uno viluppo positivo del bambino e l'aiuto necessario per colmare la zona di sviluppo prossimale.

La teoria cognitivista, in genere e le sue rielaborazioni tracciano un quadro chiaro per quanto riguarda l'apprendimento di tipo spontaneo. Infatti, esistono due diverse modalità di apprendimento: l'apprendimento spontaneo e l'apprendimento indotto.[9]

L'apprendimento spontaneo è quello caratteristico dei primi anni di vita del bambino, è quello che avviene grazie alla convivenza con gli altri. È un sapere che si assimila implicitamente, è la base della formazione della cosiddetta conoscenza comune, è un sapere intuitivo. Ed è anche quel tipo di sapere volontario di cui abbiamo parlato fin ora.

L'apprendimento indotto, invece, è quello connesso all'istruzione scolastica, legato proprio alla trasposizione del sapere da una persona ad un'altra. Il comportamentismo fa riferimento e approfondisce i temi relativi all'apprendimento indotto.

---

[9] John M., Darley, Sam Glucksberg, Ronald A. Kinchla, *Psicologia vol.1. Sensazione e percezione. Apprendimento e processi cognitivi. Motivazione ed emozione,* il Mulino, Bologna, 1993

3 Il costruttivismo come evoluzione naturale del cognitivismo

Se per alcuni versi il comportamentismo è stato superato o arricchito se così si può intendere, dal cognitivismo che pone maggiore attenzione agli aspetti psicologici del processo di acquisizione di conoscenza; anche il cognitivismo stesso, inteso come evoluzione del comportamentismo, si arricchisce delle nuove teorie russe di Lev Vygotskij per confluire in una nuova corrente di pensiero: il costruttivismo. Infatti, il modello cognitivo degli stadi di sviluppo, esposti da Piaget, ma anche il modello della zona di sviluppo prossimale, sono ripresi successivamente nel 1989 dallo studioso Glasersfeld. L'autore si interessa prevalentemente di mettere in luce i motivi per cui molti studenti ripetono costantemente degli errori che persistono proprio in ambito delle scienze sperimentali. Lo studioso sviluppa il modello costruttivista dell'apprendimento, secondo cui un essere umano costruisce il proprio sapere fin dalla nascita, attraverso un processo spontaneo e volontario, in cui raccoglie dal mondo esterno, sia quello naturale sia quello sociale, informazioni e dati, che poi organizza in schemi concettuali. Questo processo dura tutta la vita, dalla nascita fino alla morte. È difficile credere che si possa raggiungere un grado di saturazione nel processo di apprendimento, cioè non si possa più immagazzinare nuove informazioni, questo tuttavia può avvenire in ambienti in cui il soggetto viva in situazioni di deprivazione ambientale e culturale.

Il processo di costruzione della conoscenza, seguendo questo modello, può avvenire in due modi. La nuova informazione si può inserire naturalmente negli spazi lasciati vuoti degli schemi di conoscenza già assimilati e posseduti dall'individuo. In altri casi, invece, i nuovi elementi di conoscenza non riescono a trovare naturalmente una sistemazione immediata negli schemi preesistenti, allora si mostra necessaria una modifica all'intera architettura di tutti gli altri schemi preesistenti, è in questa fase che può insorgere l'incomprensione perché non riusciamo a far conciliare le vecchie conoscenze con le nuove. Si potrebbe allora avere bisogno di più tempo, per non generare conflitto e poter riorganizzare gli schemi alla luce del nuovo sapere in modo coerente. Avviene così la modifica dell'intera rete di conoscenze.

Ciascuno di noi ha reti di conoscenza proprie, diverse l'uno dall'altro, che cambiano al variare delle nostre esperienze e dell'ambiente socio-culturale che ci circonda. L'unicità di ogni essere umano è legata al processo singolare e individuale delle informazioni e delle esperienze che immagazziniamo, ma ciò che accomuna tutti gli esseri umani, è proprio il modo di appropriarsi di tali conoscenze.

La teoria costruttivista si basa sull'assunto che la conoscenza sia costruita dagli allievi stessi nel tentativo di arricchire di senso le proprie esperienze formative. Gli allievi, di conseguenza, non sono dei contenitori vuoti in attesa di essere riempiti ma piuttosto organismi che ricercano attivamente significati. Ciò che il costruttivismo sostiene fermamente è che non necessariamente la conoscenza sia in stretta corrispondenza con la realtà esterna. Cioè, essa non deve necessariamente riflettere il mondo così com'è per essere utile e praticabile.

4 Il modello Binet – Guilford e l'apprendimento indotto

L'azione didattica svolta dalla scuola deve essere mirata a formare nell'alunno interesse e volontà di acquisire le nuove informazioni. Per sviluppare l'intelligenza e le capacità di comprensione. Il modello maggiormente efficace per accrescere le competenze relative ad attività di tipo scientifico è il modello Binet – Guilford.

Secondo questo modello l'intelligenza, per realizzarsi, attraversa quattro fasi: memorizzazione, l'insorgere del pensiero divergente e successivamente del pensiero convergente e in fine la formazione del pensiero critico. Nello specifico:

- Conoscenza e memoria: è la fase in cui il docente deve identificare le conoscenze già in possesso dell'allievo, in modo che il nuovo sapere proposto non sia contrastante e astratto rispetto al bagaglio culturale già posseduto;

- Pensiero divergente: la fase del cambiamento in cui si scoprono nuove cose e nuove strategie. È il pensiero creativo, alternativo e originale. E' sollecitato da situazioni aperte, come quelle sociali, e che ammettono più soluzioni alternative. Secondo Guilford il pensiero divergente è misurato da 3 indici:

- Fluidità: parametro quantitativo basato sull'abbondanza delle idee prodotte;

- Flessibilità: capacità di cambiare strategia ed elasticità nel passare da un compito ad un altro che richiede un diverso approccio;

- Originalità: capacità di formulare soluzioni uniche e personali che si discostano dalla maggioranza;

- Pensiero convergente: è il momento dell'analisi, il ragionamento logico e razionale. Consiste in un procedimento sequenziale e deduttivo, nell'applicazione meccanica di regole apprese, nell'analisi metodica di dati. Si adatta a problemi chiusi che prevedono un'unica soluzione;

- Pensiero critico: confronto tra ciò che si sa, con ciò che si sapeva. Rappresenta il momento della riflessione.

Questo modello è molto valido per studiare gli approcci da mantenere nel percorso dell'insegnamento di materie pratico-scientifiche, come la scienza, l'educazione ambientale, l'educazione tecnica e la matematica.

Nel mio lavoro, cerco di applicare tale modello come direttiva da seguire, per la costruzione di una programmazione facilmente fruibile per i bambini della scuola primaria e allo stesso tempo proporre ai docenti un modello a cui ispirarsi per il conseguimento della sensibilizzazione e conoscenza delle problematiche ambientali. L'obiettivo è di creare una mappa concettuale-pratica che possa indirizzare l'insegnante, nei passaggi e negli stadi da seguire, per far apprendere, mediante una dimensione spesso ludico-pratica i fondamenti della problematica ambientale connessa all'effetto serra e al suo possibile superamento.

Capitolo II

Il surriscaldamento del pianeta: cause, conseguenze e possibili rimedi

1 L'effetto serra

A partire dai primi anni novanta, uno degli argomenti più dibattuti e controversi che coinvolge l'intera comunità scientifica internazionale, è la ricerca della possibile correlazione tra l'aumento dell'anidride carbonica (CO_2) in atmosfera e il riscaldamento globale legato al cosiddetto "effetto serra".

Dell'effetto serra, ne sentiamo sempre più partale in termini negativi e allarmistici. In realtà, l'effetto serra è un fenomeno climatico-atmosferico naturale, da sempre presente sul nostro pianeta, è un fenomeno senza il quale la vita, come la conosciamo adesso, non sarebbe possibile. Se pur in se il processo dell'effetto serra sia naturale e funzionale alla vita umana, si comincia gradualmente negli anni a parlare di rischi e di danni al nostro ecosistema. Ciò avviene in base alle alterazioni registrate delle percentuali dei gas serra immessi in atmosfera delle principali attività umane.

Gli studi scientifici sulla temperatura terrestre risalgono all'inizio dell'ottocento. Infatti, già nel 1827 Joseph Fourier studia l'atmosfera è ipotizza l'idea che questa agisce, verso la terra, come i vetri di una casa riscaldata. La scoperta dell'effetto serra è dovuta proprio a questo fisico-matematico francese, che la intuisce nel 1824. Scopre che l'energia irradiata dalla terra verso lo spazio è minore di quella ricevuta dalla radiazione solare. La temperatura terrestre è direttamente influenzata dalla sua capacità di riflettere i raggi solari (circa il 30% di quelli che riceve). La temperatura effettiva del nostro pianeta, senza questo processo, sarebbe di circa -18 °C, cioè circa 33 gradi centigradi in meno di quella attuale. L'effetto serra riveste un'importanza fondamentale per gli organismi viventi, per la flora e la fauna tutta, perché limita la dispersione del calore e determina il mantenimento di una temperatura costante del pianeta Terra che permette lo sviluppo e il mantenimento stesso della vita. Senza le radiazioni elettromagnetiche, provenienti dal sole che irraggiano la terra riscaldandola, il nostro pianeta avrebbe una temperatura terrestre molto più bassa di quella attuale, è facilmente presumibile che quindi le condizioni di vita, le colture e la morfologia stessa della terra sarebbero fortemente diverse e difficoltose.

In tutti gli studi che risalgo all'ottocento, emerge la ferma convinzione che il principale gas atto a rendere possibile l'effetto serra terrestre sia il vapore acqueo, mentre si ritiene che gli altri gas presenti nell'atmosfera, apportino un contributo del tutto trascurabile.

Dopo alcuni decenni, verso la fine dell'ottocento, nel 1896 il chimico svedese Svante Arrhenius, contraddice questa ipotesi sul vapore acqueo. Introduce l'idea che, in seguito all'industrializzazione, l'intensificarsi del fenomeno dell'effetto serra naturale è dovuto all'immissione massiccia nell'atmosfera di anidride carbonica(CO_2). Successivamente, questo chimico, si spinse oltre affrontando per la prima volta il problema, da allora sempre più noto, in climatologia come *problema del raddoppio* della CO_2 in atmosfera: Arrhenius calcolò manualmente che se la concentrazione di CO_2 fosse cresciuta del 50%, come conseguenza la temperatura sarebbe salita di 4,1 C° sulla Terra e 3,3 °C negli oceani, portando dei grandi cambiamenti climatici.

Il processo naturale dell'effetto serra è la capacità del globo di trasmettere nella propria atmosfera il calore proveniente dal sole. Questo processo è reso possibile dai gas serra come l'anidride carbonica, il metano e il vapore acqueo, che agiscono nell'atmosfera. Questi gas svolgono l'importante funzione di filtrare le radiazioni provenienti dal sole, evitando in tal modo di far giungere fino alla superficie terrestre quelle più nocive per la vita. Ma allo stesso tempo ostacolano l'uscita delle radiazioni infrarosse. I raggi solari rimbalzano sul suolo terrestre dirigendosi nuovamente verso l'alto. I gas serra presenti nell'atmosfera impediscono la completa dispersione nello spazio dei raggi solari, facendoli nuovamente cadere verso il basso, in pratica si comportano come i vetri di una serra e favoriscono la regolazione ed il mantenimento della temperatura terrestre ai valori odierni.

Nel grafico che segue si evidenzia il contributo di ogni gas all'effetto serra, considerando la quantità di ciascun gas in atmosfera e il suo specifico potere di assorbimento della radiazione.[10]

[10] http://www.educarsialfuturo.it/pdf/Effetto%20Serra.pdf

6%

15%

55%

24%

Anidride carbonica

CFC

Metano

Ossido di azoto

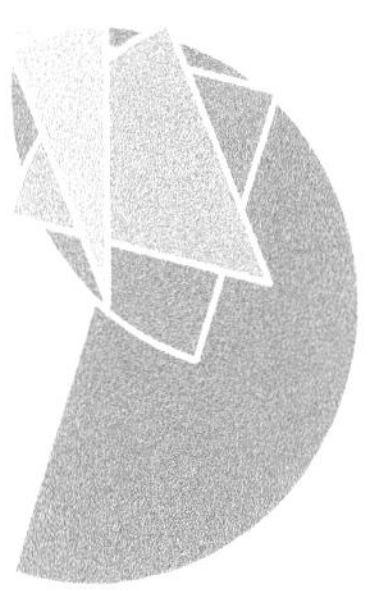

Dal grafico risulta lampante il massiccio contributo che gioca l'anidride carbonica, che con il suo smodato innalzarsi, per un ovvia responsabilità umana, ha aperto il dibattito sul surriscaldamento del globo come un grave problema ecologico dal grande impatto ambientale. Infatti, si verifica un'eccessiva presenza di gas serra nell'atmosfera, che genera uno squilibrio durante il processo naturale facendo innalzare la quantità di calore, e di radiazioni, che la terra assorbe.

Nel novecento, il livello di CO_2 in atmosfera è aumentato del 40% rispetto al secolo precedente come diretta conseguenza dello sviluppo dei trasporti, in particolar modo a causa dell'invenzione dell'automobile, in breve largamente diffusa e divenuta bene di massa.

Nel 2014, il gruppo intergovernativo dell'ONU, ha redatto l'ultimo report sul riscaldamento globale. Le notizie diffuse sull'andamento della temperature del nostro pianeta non sono per nulla confortanti, se si vorrà contenere il surriscaldamento, entro la fine secolo, sotto i famosi 2°C, ritenuti il tetto massimo da non superare, le emissioni di anidride carbonica dovranno essere tagliate di più del 40% entro il 2050.

2 Responsabilità umana e conseguenze sull'ambiente

Come già detto, negli ultimi decenni questo effetto naturale è risultato problematico, a causa della notevolmente intensificazione delle attività umane che, generando una enorme quantità aggiuntiva di gas serra, ha provocato un rapido incremento della temperatura media del globo.

L'uso di fonti fossili come carbone, gas e petrolio, le attività industriali e la deforestazione hanno causato un'autentica impennata delle emissioni di gas serra come il metano, il protossido d'azoto, e l'anidride carbonica. Quest'ultima in particolare è prodotta in tutti i fenomeni di combustione utilizzati per le attività umane ed è la principale imputata del riscaldamento globale. Prima della Rivoluzione Industriale, l'uomo rilasciava ben pochi gas in atmosfera, ma ora la crescita della popolazione e l'industrializzazione in genere la nostra atmosfera è contaminata da numerosi gas. L'eccessiva concentrazione dei gas serra è strettamente correlata all'azione indiscriminata dell'uomo di scaricare nell'atmosfera gas inquinanti. Sulla terra si è sviluppata così un'atmosfera di gas misti, tra i quali si annoverano ovviamente ossigeno, azoto, anidride carbonica, vapore acqueo, argon e piccolissime percentuali di altri gas.

Già da molti anni si parla di effetto serra in termini allarmistici ma nei tempi a noi più vicini la situazione è sempre più preoccupante.

All'inizio del novecento la concentrazione di anidride carbonica in atmosfera era di 290 ppm (parti per milione), oggi supera le 380 ppm. Si calcola che nei prossimi 35 anni la temperatura media del Pianeta possa aumentare di oltre due gradi, rispetto ai livelli mantenuti nella fase pre industriale.

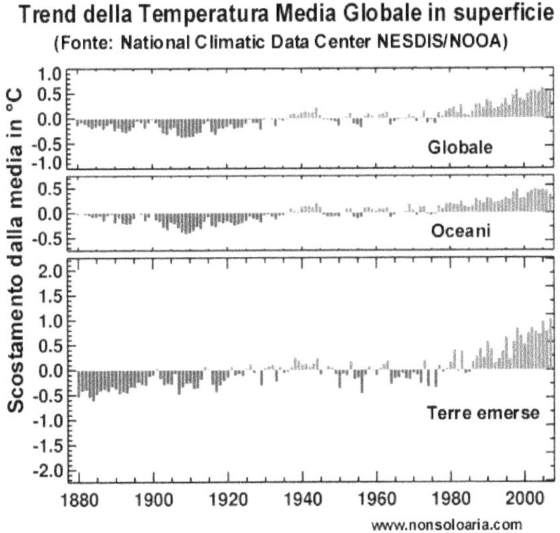

Nel grafico riportato si mostra chiaramente, l'andamento delle temperature terrestri della crosta e quelle degli oceani e il loro progressivo innalzamento.[11]

È evidente la variazione delle temperature medie annuali in superficie nel corso degli anni che fanno dal 1880 al 2007. La linea dello zero rappresenta la media di tutte le temperature, mentre le barre rosse e blu indicano gli scostamenti dalla media.

Come si può vedere, c'è un chiaro trend di crescita. Le temperature riferite alle terre emerse presentano degli scostamenti maggiori di quelle degli oceani perché le terre si riscaldano e si raffreddano più velocemente delle acque. In entrambi i casi l'incremento della temperatura si accentua a partire dagli anni 80 in poi, di pari passo con l'intensificarsi della produzione industriale umana.

Volendo riassumere le cause scatenanti dell'innalzamento della temperatura terrestre e degli oceani, al primo posto tra le cause fondamentali di questo fenomeno sono da annoverare le eccessive emissioni di anidride carbonica, l'80% di queste emissioni di proviene

---

[11] http://www.nonsoloaria.com/effser.htm

dalla combustione del petrolio, del metano e del carbone, che sono alla base di numerose lavorazioni umane. Infatti, oltre alla metà di emissioni di anidride carbonica e degli altri "gas serra" viene dai paesi industrializzati, che mantengono pratiche inquinanti e nocive, generando danni notevoli all'ecosistema.

A causa degli aumenti di anidride carbonica e metano, per l'elevata combustione del petrolio e del carbone, l'effetto serra diventa un fenomeno pericoloso. Infatti, lo scombussolamento dell'equilibrio dell'atmosfera riduce i livelli di ozono presenti nell'atmosfera. L'azoto è il maggiore responsabile dello schermaggio della Terra dai raggi UV dannosi per la vita.

A causa degli scarichi industriali e dei mezzi di trasporto, l'equilibrio terrestre è stato, nel tempo, totalmente scombussolato, in quanto è aumentata la concentrazione di alcuni gas rispetto agli altri; in particolar modo, è aumentata la concentrazione di anidride carbonica ma anche di metano.

Un altro elemento devastante per l'ambiente e colpevole dell'effetto serra è il disboscamento. La deforestazione è una riduzione dell'area boschiva e forestale spesso causata dall'uomo per guadagnare nuovi spazi da dedicare all'agricoltura, per operare un'espansione urbana o per sfruttare il legname e trarne guadagno. Il problema interessa soprattutto le zone tropicali (Congo, Nigeria, Colombia, Brasile, Messico, India, Malesia, Indonesia, Tailandia) dove spesso si pratica il "taglia e brucia": prima si tagliano gli alberi e poi si incendia il sottobosco. Questa pratica ha degli effetti molto nocivi per l'ambiente. Come è noto le foreste forniscono ossigeno e sono il polmone verde del pianeta, trasformando, tramite il processo della fotosintesi clorofilliana, l'anidride carbonica in ossigeno. Con la deforestazione spietata si riduce notevolmente questo processo.

Il problema dell'effetto serra si aggrava ulteriormente considerando la terra come "sistema complesso". L'anidride carbonica ha una durata media in atmosfera di circa 100 anni. Se pure smettessimo oggi di produrre emissioni di CO_2 non riusciremmo comunque a ridurre in breve tempo la presenza di anidride carbonica nell'atmosfera.

Inoltre l'incremento della popolazione e dei consumi non fanno altro che incrementare i processi inquinativi.

Parlando di effetto serra e di surriscaldamento del nostro sistema terrestre non si può non parlare di un altro grave problema ambientale,

connesso e collaterale all'effetto serra e al surriscaldamento globale: il buco nell'ozono.

La stratosfera terrestre contiene una concentrazione relativamente alta di ozono, che rappresenta un vero e proprio schermo nei confronti delle pericolose radiazioni ultraviolette (raggi UV) provenienti dal sole. L'ozono è un gas presente in piccolissime quantità nell'atmosfera, la sua distribuzione non è uniforme, ma la sua concentrazione aumenta molto fra 10 e 50 Km di quota, con un massimo intorno ai 25 Km, dove forma un sottile strato, conosciuto come fascia di ozono.

Ogni anno, durante la primavera dell'emisfero australe, la concentrazione dell'ozono stratosferico nell'area situata in prossimità del Polo Sud diminuisce a causa di variazioni naturali. Purtroppo, a causa della continua immissione di anidride carbonica e metano nell'atmosfera, sin dalla metà degli anni '70 questa periodica diminuzione è diventata sempre più grande, tanto da indurre a parlare del fenomeno come del "Buco dell'Ozono".

Infatti, negli anni ottanta si è verificato un preoccupante assottigliamento dello strato della fascia d'ozono, al di sopra dell'Antartide e da pochi anni, si è cominciato a verificare lo stesso fenomeno, anche sopra di una piccola zona del Polo Nord, nel Mare Artico. Nel 1987, il "buco nell'ozono" ha raggiunto un'estensione pari a due volte quella del territorio degli Stati Uniti.

Il problema è estremamente importante, in quanto una riduzione dell'effetto schermante dell'ozono comporta un conseguente aumento dei raggi UV che giungono, non schermati, sulla superficie della Terra. Nell'uomo l'eccessiva esposizione a questi raggi è correlata ad un aumento del rischio di cancro della pelle, generato a seguito delle mutazioni indotte nel DNA delle cellule epiteliali.[12]

I raggi ultravioletti possono causare inoltre un'inibizione parziale della fotosintesi delle piante, causandone un rallentamento della crescita e, ovviamente, nel caso si tratti di piante coltivate, una diminuzione dei raccolti. I raggi UV possono anche diminuire l'attività fotosintetica del plancton vegetale che si trova alla base della catena alimentare marina, causando di conseguenza uno scompenso notevole a carico degli ecosistemi oceanici.

[12] http://www.liceoberchet.it/ricerche/geo4d_07/gruppoD/buco_ozono.htm

Il continuo e graduale impoverimento dell'ozono della stratosfera può essere senz'altro ricondotto alla presenza in atmosfera di un gran numero di composti chimici in grado di attaccare l'ozono. Come già detto l'anidride carbonica e il metano giocano un ruolo fondamentale nella riduzione dell'ozono, ma un ruolo di primordine è ricoperto dai così detti cluoro-fluoro-carburi (CFC), gas usati nelle bombolette spray, nei frigoriferi, nei condizionatori e nella produzione di espansi. Questi gas rimangono attivi per tempi lunghissimi, dai 50 ai 70 anni, hanno così tutto il tempo di raggiungere l'atmosfera dove i raggi ultravioletti rompono le molecole dei CFC, liberando gli atomi che le compongono e trasformando l'ozono in ossigeno molecolare.

Un altro possibile effetto, sull'uomo, di questa riduzione della fascia dell'ozono, consiste nella creazione di varie interferenze nella regolazione di meccanismi di difesa immunitaria.

L'effetto più evidente e diretto è invece legato all'azione che i raggi UV esercitano sulla retina dell'occhio, dove provocano danni che possono rapidamente portare alla cecità. In effetti in Patagonia e in Nuova Zelanda, regioni vicine al Polo Sud e quindi più colpite dalla diminuzione dell'ozono atmosferico, sono sempre più frequenti i casi di cecità fra le greggi di pecore.

Recentemente sono stati banditi i gas nocivi che sono la principale causa del fenomeno, i risultati ottenuti sono molto incoraggianti, ma non si può cento pensare che il problema sia del tutto risolto.

Le reazioni dell'ambiente sono discontinue lente e irreversibili, ma soprattutto non mostrano immediatamente i loro reali effetti o conseguenze. Nessuno però può dire con certezza quali siano le reali conseguenze a livello planetario del surriscaldamento terrestre. Un motivo in più per affrontare con estrema urgenza il problema.

Ciò nonostante, negli ultimi anni, si sono accentuati fenomeni meteo estremi e grandi calamità naturali, come uragani, tempeste e le inondazioni, a cui siamo sempre più abituati ad avere notizia dai telegiornali di tutto il mondo.

Le società umane hanno una lunga storia di adattamento all'impatto delle condizioni meteorologiche e del clima. Ma il cambiamento climatico pone dei nuovi rischi spesso al di fuori dell'esperienza acquisita, come l'impatto legato alla siccità, alle ondate di calore, al ritiro accelerato dei ghiacciai e all'intensità degli uragani.

Queste conseguenze richiederanno risposte per l'adattamento quali investimenti per la protezione dalle tempeste e infrastrutture per il rifornimento di acqua, e servizi sanitari per la comunità.

Come già accennato l'innalzamento della temperatura terrestre può provocare numerosi pericoli legati all'esposizione ai raggi UV, ma questo di certo non è l'unico rischio a cui ci esponiamo.

Una variazione morfologica evidente che può provocare enormi problemi è l'estensione delle zone aride verso nord, l'innalzamento del livello del mare dovuto allo scioglimento dei ghiacciai e alcuni sconvolgimenti climatici di grande portata.

I rischi più gravi nei prossimi decenni possono essere:

- Tempeste e inondazioni si abbatteranno con sempre maggior intensità sulle zone costiere del mondo intero provocando lo spostamento di milioni di persone;
- L'innalzamento del livello dei mari metterà a rischio le popolazioni costiere; infatti, le infiltrazioni di acqua salata a

livello costiero diminuiranno la qualità e disponibilità di acqua dolce e potabile;

- Le condizioni climatiche, modificate dal caldo e dall'umido, potranno far insorgere nuove forme patologiche ed accelerare la propagazione di malattie tropicali infettive come la malaria e la febbre gialla; a causa delle pratiche agricole non sostenibili e della progressiva avanzata dei deserti.

Questo dovrebbe indurre in ogni individuo uno spunto di riflessione, su come noi esseri umani davanti alla natura siamo in realtà molto piccoli. Per ottenere collaborazione e protezione dalla natura noi siamo i primi a dover rispettare l'ambiente e il suo ecosistema. Altrimenti le conseguenze non saranno per nulla edificanti

3 Provvedimenti di tutela

Gli ultimi rapporti sul clima hanno messo in luce l'urgenza delle azioni da intraprendere. Sono stati mossi passi da gigante rispetto ai report precedenti. Si sono stabiliti e valutati i costi precisi di una possibile azione salva ambiente; anche se non è ancora stata sottolineata una relazione univoca tra l'inquinamento e gli eventi atmosferici estremi. Per quanto riguarda l'Italia, secondo il Rapporto "Italian Greenhouse Gas Inventory" – ISPRA 2011 si evidenzia che nel 2009 le emissioni nazionali totali dei sei gas serra (GHG), espresse in CO_2 equivalente, sono diminuite del 5,4% rispetto ai livelli del 1990.

Al momento, confidare in un accordo globale immediato vorrebbe dire sperare in una risposta affermativa, di 200 capi di Stato, disposti a sacrificare parte della loro produzione annua a favore della causa ambientale. In assenza di questa possibilità il pacchetto clima-ambiente sembra un valido strumento in attesa di un accordo globale.

Per comprende l'importanza di ogni provvedimento intrapreso per quanto piccolo possa sembrare, basti pensare che nel 2006 si è stimato che sono state emesse nell'atmosfera circa 24 miliardi di tonnellate di CO_2. Per farsi un'idea della quantità in gioco, si può considerare che, un'automobile di media cilindrata classificata come 'Euro 4' emette da 130 a 150 g di CO_2 per ogni chilometro percorso. Proprio per ridurre tale massiccia produzione, l'Unione Europea ha previsto che dal 2012 le automobili di qualsiasi cilindrata debbano al massimo emettere 120 g di CO_2 per chilometro percorso.

Si rivela necessario l'impegno di tutti i cittadini per promuovere una cultura ambientale che ci permetta di cambiare il nostro stile di vita malsano e consumista che poco cura l'ambiente e la sua salvaguardia.

Insegnare ai bambini nell'età scolare l'educazione ambientale, promuovere il riciclo e il riuso è un passo fondamentale per creare, non solo degli adulti maggiormente eco-consapevoli, ma soprattutto per invertire una pericolosa tendenza di vita che sembra abbiamo ormai assunto.

I bambini di oggi sono i nuovi adulti di domani, sono loro i custodi del futuro e se noi insegniamo il rispetto ambientale, riconoscendo i nostri errori e limiti, fornendo strumenti cognitivi differenti per interagire col pianeta terra in termina di salvaguardia e rispetto, sarà salvo anche il loro e il nostro futuro.

Capitolo III

Premesse per l'insegnamento ambientale, uno spunto da cui partire

L'Educazione Ambientale (EA) è uno strumento fondamentale per sensibilizzare i bambini, formandoli come futuri cittadini con una maggiore responsabilità verso i problemi ambientali, per possedere poi in età adulta una maggiore consapevolezza della necessità di essere coinvolti nelle politiche positive di governo del territorio e delle questioni climatiche.

L'EA si è evoluta nel tempo, da un approccio iniziale prevalentemente incentrato sulla tutela della natura, si è passati gradualmente ad una maggiore attenzione all'inquinamento in relazione alle emergenze ambientali e alle dinamiche sociali ed economiche ad esso connesso, giungendo così ad un più ampio concetto d'EA che si identifica nell'Educazione allo Sviluppo Sostenibile (ESS)[13].

A partire dagli anni Novanta la scuola ha intrapreso un percorso di valorizzazione degli studi ambientali e delle scienze naturali in genere.

---

[13] http://www.minambiente.it/pagina/educazione-ambientale-e-allo-sviluppo-sostenibile

Questo è stato possibile in seguito a precise predisposizioni europee volte a creare una scuola che funga da modello gestionale di supporto per il proprio territorio.

Il clima sociale, che si comincia a consolidare in questi anni, propone l'idea di agire localmente sulla dimensione territoriale di appartenenza ma sempre con uno sguardo volto alla dimensione globale con grande attenzione alle problematiche ambientali che interessano l'intero pianeta e non un singolo territorio. Mediante quest'approccio la scuola ha mosso delle iniziative propositive che hanno agevolato un dialogo aperto con le istituzioni, le industrie e gli enti territoriali di riferimento, creando così un vero e proprio circuito di intervento.

Tutte le attività e le iniziative scolastiche si sono preposte tre punti salienti: la sensibilizzazione, la conoscenza ambientale e i possibili interventi. Nella fase di sensibilizzazione, si sono organizzati incontri, conferenze e dibattiti con gli enti e le istituzioni territoriali; si sono allestite mostre e si è offerta la consultazione di materiale divulgativo. Nella seconda fase, quella più profonda, si sono proposte delle attività miratamente volte ad acquisire una piena conoscenza dell'ecologia e dell'ambiente in genere, soprattutto grazie ad indagini sulla qualità della vita e dell'inquinamento e non solo anche grazie a soggiorni studio. Nell'ultima fase si esaminano le possibili soluzioni e i provvedimenti per contenere i danni ambientali, partendo per esempio dal riciclaggio e dalla riduzione degli sprechi.

Lo studio delle scienze naturali e dell'ecologia si pone come un importante tassello dello sviluppo cognitivo del bambino, volto a far emerge un senso critico e valutativo, mediante l'acquisizione di un vero e proprio metodo di pensiero e una nuova visione della vita, non rappresenta un semplice accumulo di informazioni. L'educazione ambientale non è volta solo a delineare dei dettami comportamentali, ma è propositiva per la formazione di una coscienza e mentalità ambientale-ecologica che sfocia non solo in modi di agire ma anche e soprattutto in un modo di pensare nuovo e più responsabile, essa infatti promuovere un cambiamento negli atteggiamenti e nei comportamenti individuali e collettivi.

L'EA è la disciplina che più di ogni altra si presta a uno studio e ad un valido approfondimento "sul campo", sull'esperienza tangibile e osservabile. Infatti, per un efficace raggiungimento degli obiettivi educativi, è fondamentale sviluppare attività a diretto contatto con l'ambiente. Quindi un compito imprescindibile a cui l'EA deve tendere, è un'educazione attenta a quello che avviene nel contesto territoriale di prossimità e come questo possa interferire o mutare un ecosistema più ampio.

Ipotizzare un progetto didattico volto allo studio dell'ecologia, dell'ambiente e dei diversi ecosistemi è un percorso etico e morale, che in virtù della sua ampiezza e complessità richiede una trattazione pluridisciplinare; molto spesso deve avvalersi anche di attività extra-scolastiche.

L'idea che cerco di definire nel mio lavoro è una programmazione didattica formativa rivolta agli alunni della terza e quarta classe primaria. Credo che questa fascia d'età sia la più giusta su cui si può intervenire per fornire concetti comprensibili e utili alla formazione cognitiva del bambino.

1 Il metodo Montessori e la sua applicazione all'insegnamento ambientale.

Nella società attuale, l'educazione e il processo formativo, sono un tema di cui si discute maggiormente e coinvolge sia adulti che bambini. Anche se la famiglia occupa un ruolo principe nello sviluppo del bambino e del suo apprendimento, non bisogna sottovalutare l'attività svolta all'interno delle scuole.

La prima donna che ha apportato cambiamenti significativi al metodo scolastico è Maria Montessori, educatrice e pedagogista. Dopo gli studi universitari, la Montessori si dedica alla cura dei bambini con problemi psichici, si convinse che con il trattamento educativo si potevano ottenere maggiori risultati rispetto alle cure mediche tradizionali. Nel 1906 fonda la "Casa dei Bambini" dando inizio all' attività educativa, che nelle sue intenzioni era destinata ai figli delle famiglie operaie del quartiere di san Lorenzo a Roma. Il metodo si fonda principalmente su alcuni punti essenziali:

- “materiali di sviluppo”, ovvero sussidi e materiali didattici. Viene ad esempio cambiato l’arredamento, oramai leggero e proporzionato ai bambini;
- lo sviluppo dell’attività ludica, vista come attività che attrae il bambino poiché genera la promozione del piacere e del benessere, ma usando materiali e oggetti che stimolano i bambini in tenera età essa diviene non solo una fonte di divertimento, ma bensì di formazione e costruzione della personalità del bambino come futuro adulto.
- La “mente assorbente”. Tutte le discipline, dall’aritmetica all’italiano, dalla storia alla geografia, devono essere insegnate quando ancora il bambino è molto piccolo, perché è in questa fase che egli è più recettivo e capace di assorbire nozioni nuove.
- L’allievo è al centro di tutto, è libero, valorizzato e non più costretto.
- Il maestro, deve uniformarsi ai bisogni del bambino, e non utilizza più le punizioni corporali.

- la scuola deve permettere lo svolgimento delle manifestazioni spontanee e della vivacità individuale del bambino.[14]

L'idea della Montessori si basa sull'attribuire al fanciullo energie creative e disposizioni morali (come l'amore), che l'adulto ha compresso dentro di sé rendendole inattive. Di qui la tendenza dell'adulto a reprimere il bambino e a imporgli un ambiente fatto su altra misura, a costringerlo fin dalla tenera età a ritmi di vita innaturali.

Tuttavia, alla Montessori sono state mosse delle accuse sia sul piano ideologico sia sul piano didattico.

Sul piano ideologico la contrapposizione troppo rigida che opera il modello, delineando un fanciullo troppo buono e mansueto contrapposto ad un adulto sclerotizzato e corrotto. Invece sul piano didattico è stato messo in discussione il carattere artificioso dei materiali e l'uso troppo rigido del loro impiego. Ciò nonostante il metodo montessoriano è tuttora largamente diffuso e applicato.

---

[14] M. Montessori, La scoperta del bambino, Garzanti, Milano, 1973

Nel mio lavoro trovo molto interessante il concetto montessoriano del gioco come fonte di apprendimento. Questa analogia tra apprendimento e gioco assume grande importanza anche per John Dewey, padre della scuola progressiva, che ne esalta il potenziale come mezzo per risolvere i problemi e il raggiungimento degli obiettivi. Poter inserire dei contenuti formativi all'interno della dimensione ludica, facilita la fase dell'apprendimento, infatti attraverso il gioco, il bambino addestra i sensi e affina la percezione del mondo che lo circonda e gli permette di elaborare nuove situazioni e schemi mentali.

Un tempo il gioco era soltanto associato al divertimento, veniva così relegato ai margini della giornata scolastica e confinato nella sfera del tempo libero. Spesso ha assunto la funzione di premio, di ricompensa e di rinforzo di condotte positive, ma solo dopo aver svolto il proprio dovere che è ben altro dal gioco.

Tenendo in considerazione le teorie montessoriane e gli approcci all'apprendimento sopra esposti, il mio intento è di elaborare un possibile percorso formativo per gli alunni della terza classe primaria per fornire un quadro educativo volto alla formazione di adulti consapevoli e maggiormente sensibili all'ambiente e al territorio che li circonda.

L'idea formativa è quella di far acquisire le nozioni base dell'educazione ambientale per comprendere l'effetto serra e le sue implicazioni. Il metodo che prediligo è quello interattivo, in cui l'alunno non subisce passivamente le informazioni, ma le elabora e le sperimenta, anche attraverso il gioco. Il gioco è per sua natura e per suo statuto educante; è infatti attraverso di esso che il soggetto impara a conoscere il mondo, a sperimentare il valore delle regole, a stare con gli altri, a gestire le proprie emozioni, a scoprire nuovi percorsi di autonomia e a sperimentare per tentativi ed errori le convinzioni sulle cose e sugli altri. In virtù di tale natura ritengo che introdurre aspetti interattivi/ludici sia la strada migliore per educare senza annoiare ma soprattutto in un modo nuovo è più accessibile anche agli alunni meno attenti o più svogliati.

Per tale motivo ho dato largo spazio all'idea di utilizzare la dimensione ludica, strumenti nuovi e le immagini da utilizzare non solo come sostegno al concetto formativo ma come vero e proprio cardine dell'obiettivo.

2 Le basi dell'educazione ambientale

Come detto l'EA si snoda su tre momenti salienti: la sensibilizzazione, la conoscenza ambientale e i possibili interventi di tutela. Vediamo nello specifico le prime due fasi poste alla base del percorso che si vuole tracciare per gli alunni delle scuole primarie 3ª/4ª .

Occorre inizialmente stabilire quali siano gli obiettivi conoscitivi da raggiungere in questa fase, cioè stabilire le nozioni fondamentali che il bambino deve acquisire per comprendere a pieno le tematiche ambientali di competenza; sarà doveroso subito poi delineare quali siano i materiali didattici più adeguati e idonei.

Volendo delineare gli argomenti basilari, che il bambino dovrà assimilare, per una corretta comprensione della tematica ambientale, essi si possono così raggruppare: gli elementi naturali (suolo, acqua, aria) e le loro caratteristiche; la specie e l'evoluzione, la biodiversità e l'ecosistema.

Il piano didattico da realizzare può essere affrontato in due differenti modi a seconda delle possibilità della scuola in termini di orari, dei programmi formativi ministeriali e delle ore dedicate alle attività extrascolastiche.

Un primo metodo può essere quello di realizzare un vero e proprio laboratorio ambientale, nelle ore del doposcuola, volto appunto allo studio dell'ambiente e del territorio. Molto spesso, purtroppo, questo non è sempre possibile, per motivi interni alle scuole, questo rappresenta un vero e proprio deficit, in quanto il ruolo svolto dalle attività estra-scolastiche è di notevole impatto sullo sviluppo psico-cognitivo del futuro adulto, proprio in virtù della maggiore fonte attrattiva che queste attività spesso hanno sugli alunni, rispetto alle ore canoniche di lezione in aula.

In alternativa si può compiere un adattamento ai programmi scolastici utilizzando le ore dedicate allo studio della scienza e dell'ambiente ma anche dello studio di altre discipline quali ad esempio la storia e la geografia, per approfondire e completare alcuni concetti rilevanti nello studio dell'EA; in tal senso si può far assimilare i concetti, antecedentemente citati, operando delle lezioni specifiche alla materia di riferimento, ma con valenza interdisciplinare, suddividendo gli argomenti in relazione alle aree di competenze delle diverse materie.

Di seguito propongo una possibile suddivisione dei concetti:

Studio della EA

Scienze

Acqua *Suolo* ***Geografia***

Aria *Ecosistema*

Biodiversità

Storia *La*

specie

L'evoluzione

L'interdisciplinarietà è una caratteristica fondamentale dello studio ambientale, infatti l'opera umana che è alla base della storia, così come l'evoluzione stessa delle specie, ha modificato e altre volte si è modificata in un processo di continuo contatto con l'ambiente che lo circonda.

I temi e le teorie che costituiscono l'area dell'educazione ambientale si intersecano con l'intero processo di formazione del bambino, attraverso un percorso graduale che si interessa non solo della scienza della natura ma anche e soprattutto dello studio dell'uomo e del suo rapporto con l'ambiente.

La scuola non è fatta solo di programmi, che forniscono la cornice teorica sulla quale si snoda l'intera programmazione didattica, ma è fatta di esperienze, sperimentazioni e costruzione di nuovi input per promuovere una cultura dell'ambiente a scuola. Questa cultura a sua volta è un punto insindacabile di riferimento per lo sviluppo del sapere didattico.[15]

Prima di vedere più nello specifico questi concetti e le metodologie con cui approcciarsi all'insegnamento, va operata una riflessione. In tutti i livelli di conoscenza le immagini hanno un potere evocativo forte che rende il concetto da acquisire immediatamente fruibile. Il concetto risulta fissato nella nostra memoria in modo più nitido ed efficacie, rispetto al solo ausilio del testo o ai metodi più tradizionali. Nel caso di alunni della scuola primaria, questo metodo si mostra non solo efficacie ma uno strumento necessario, soprattutto grazie all'interazione con l'insegnante e il gruppo classe ma anche per lo sprono aggiuntivo

---

[15] Persi R., *L'ambiente a scuola. Processi formativi e approcci metodologici,* Franco Angeli, Torino, 2003

costituito dall'attività stessa del poter realizzare con le proprie mani schede e cartelloni tematici. Le attività del disegnare e del colorare, associate al concetto nuovo da assimilare lo rendono meno rigido ed estraneo al bambino, per giungere ad una concezione più familiare e rassicurante, come se il contenuto nuovo fosse già insito nell'alunno stesso e che ora fosse in un certo senso riportato alla luce e definito scientificamente, grazie all'attività svolta dall'insegnante.

Le immagini realizzate in collaborazione con tutta la classe possono essere dei cartelloni, oppure delle semplici schede personalizzate create dal singolo alunno, conservate nel quaderno dedicato alle scienze. La strada migliore sembra quella di realizzare scede singole per argomenti più semplici, mentre i cartelloni sembrano essere di notevole utilizzo nel caso di argomenti non solo nuovi ma soprattutto più complessi o che si basano su numerose parole che l'alunno non possiede ancora nel suo vocabolario. Inoltre il cartellone molto spesso viene affisso in aula, quindi si ha sotto gli occhi costantemente le parole nuove e difficili da ricordare, in abbinato con le immagini molto più semplici e familiari, ciò consente al bambino un apprendimento più facile e duraturo nel tempo.

Proprio in virtù di tale considerazione, mi accingo ad illustrare i concetti alla base dell'EA, non trascurando la dimensione delle immagini, che come detto, soprattutto nelle fasce d'età più giovani, riveste un forte ruolo attrattivo.

- Gli elementi naturali

Conoscere le caratteristiche dell'ambiente naturale e di come questo fornisca le condizioni fertili alla vita è molto importante per comprendere temi più complessi ad esso correlati.

Il suolo, l'acqua e l'aria sono i tre elementi naturali alla base della vita umana e soprattutto i principali protagonisti delle tematiche relative all'effetto serra. Senza la conoscenza se pur approssimata di tali elementi è impensabile costruire un percorso formativo dotato di senso. Il suolo e l'aria vanno spiegati partendo dalla loro composizione naturale e dall'importanza che rivestono per la vita dell'uomo e come questo le modifica e ne trae vantaggio o svantaggio. L'acqua va studiata non soltanto nella sua composizione ma soprattutto dal ciclo naturale che essa compie: vanno spiegati i tre stadi (liquido, solido e gassoso) e come questi siano funzionali ai vitali dell'uomo.

Dopo le prime nozioni informative ogni bambino riporterà sul quaderno una scheda di quanto appreso, in un secondo momento ci si può avvalere di cartelloni che i bambini realizzeranno in classe sotto la guida dell'insegnante. Di seguito riporto un possibile esempio di cartellone da realizzare in aula molto utile e significativo per fissare meglio, anche visivamente, il ciclo dell'acqua.

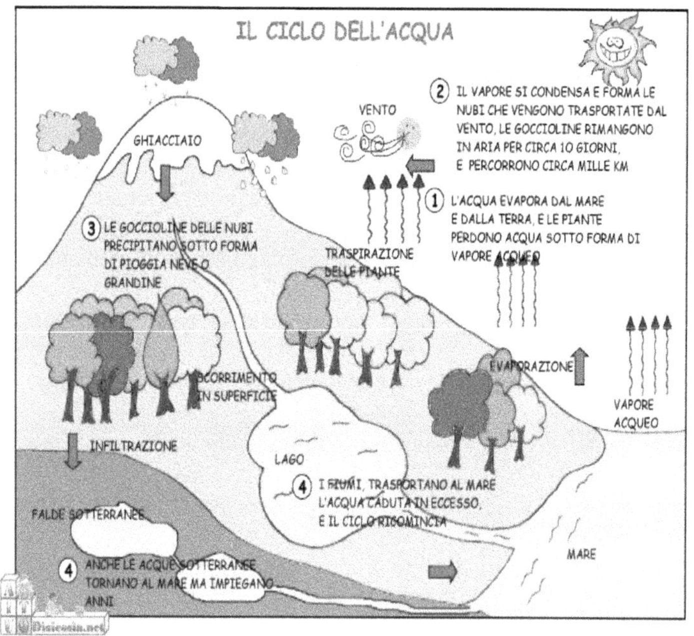

Esempio del cartellone sul ciclo dell'acqua[16]

[16] http://lnx.fantasylands.net/aiuto-dislessia/wp-content/gallery/geografia-il-pianeta-terra/il-ciclo-dellacqua_0.png

In modo similare come si è mostrato per l'acqua, allo stesso modo si può per il suolo e l'aria, elaborare insieme e per gli alunni delle immagini[17] esemplificative, molto accessibili e semplici che esposte in aula renderanno l'apprendimento molto più facile e divertente per i bambini. Di seguito riporto altri esempi di immagini che si possono realizzare dagli stessi bambini. Oppure come compito a casa dopo le opportune delucidazioni dell'insegnante.

Aria aspirata

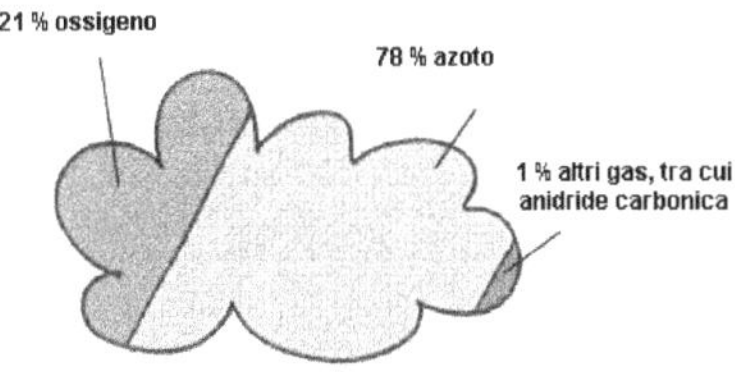

Aria espirata

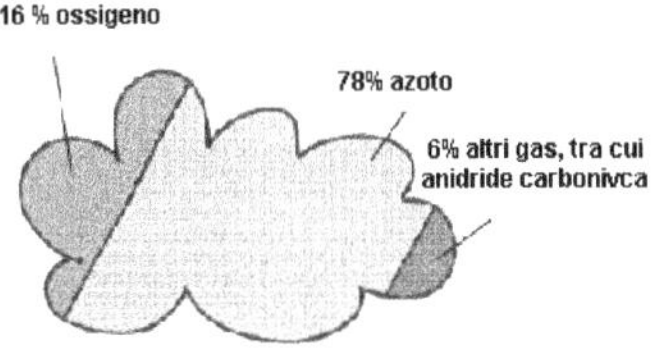

Esempi di scheda da conservare nel quaderno per la composizione dell'aria[18]

[17] http://www.giralafoglia.it/La_didattica.aspx
[18] http://www.scuolamediacoletti.org/les/schede_corpo/scambigas.htm

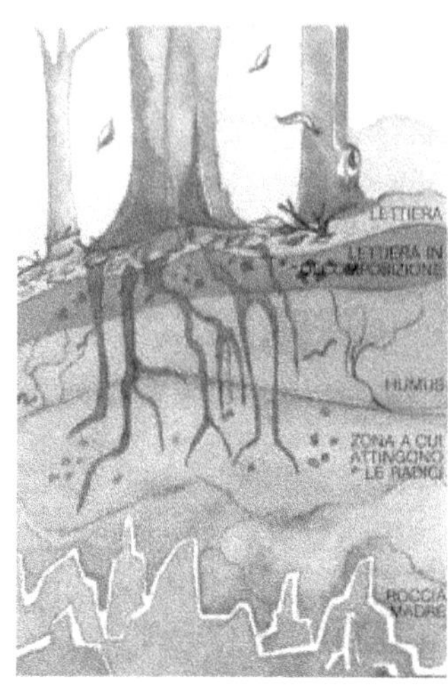

Esempio di cartellone/scheda per la composizione del suolo[19]

Nelle tre immagini riportate è evidente che per il ciclo dell'acqua più complesso, rispetto agli altri due argomenti, è maggiormente consigliato l'utilizzo di un cartellone per fissare al meglio il processo che descrive, e per certi versi risulta quasi da collante tra gli altri due argomenti che sono solo di supporto ad esso.

Il passaggio fondamentale dopo aver spiegato gli elementi naturali è l'introduzione del concetto della fotosintesi clorofilliana e alle sue caratteristiche. Se pur non entrando nello specifico delle nozioni biologiche più complesse occorre spiegare in modo semplice questo

[19] http://www.giralafoglia.it/Approfondimenti.aspx

processo che è alla base della vita, non solamente delle piante ma di tutto il nostro ecosistema umano. Inoltre il tema della fotosintesi clorofilliana è strettamente correlato e implicato nella successiva spiegazione dell'effetto serra e delle sue conseguenze.

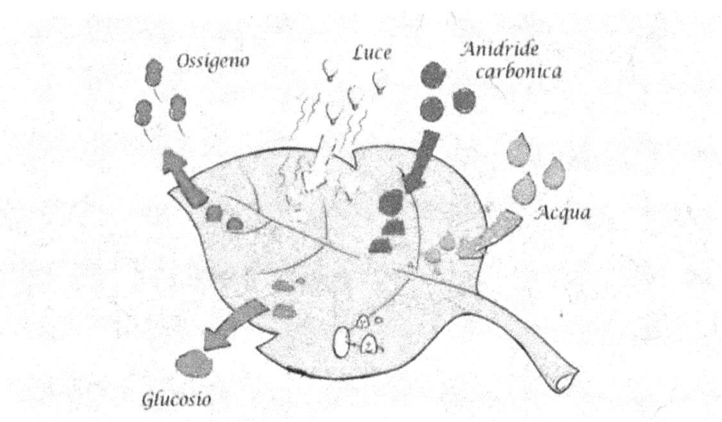

Esempio di scheda sul processo della fotosintesi clorofilliana[20]

- La specie e la sua evoluzione

Con il cambiare delle ere storiche le generazioni dei viventi, nel corso del tempo, hanno subito profondi cambiamenti, non soltanto morfologici ma anche culturali e sociali. È per questo motivo che

[20] http://www.iprintdifferent.com/blog/tipografia-online-e-stampa-ecologica-iprintdifferent/

ritengo possibile spiegare il concetto di evoluzione di specie a partire dalla storia, che è si lo studio di avvenimenti ritenuti rilevanti in termini storici, ma è altresì lo studio di come l'uomo si sia evoluto e adattato al contesto ambientale in cui si trovava a vivere nel tempo.

Gli organismi viventi mutano nel corso delle generazioni e questo processo di continui cambiamenti fa sì che gli esseri che popolano la terra siano tutti più o meno diversi fra loro. L'evoluzione consiste nei cambiamenti a cui sono andati e vanno incontro tutti gli esseri viventi, nel corso di milioni di anni.

Questi cambiamenti permettono la sopravvivenza e la riproduzione degli organismi che hanno le caratteristiche più adatte alla vita nelle condizioni ambientali in cui si trovano. Seguendo questo concetto si può far apprendere il tema dell'evoluzione partendo dallo schema classico dell'uomo preistorico e dalla sua evoluzione data dall'adattamento delle specie per sopravvivere ai cambiamenti ambientali, ma spesso anche in seguito all'insorgere di nuove necessità. Allo stesso modo è utile la testimonianza dei reperti fossili, infatti, il loro studio rivela una graduale successione di forme che variano nel tempo, dalle più semplici alle più complesse.

In questo concetto è insita però anche la classificazione delle specie, che per certo è un argomento poco affine alla storia, inoltre la classificazione può essere un argomento molto accessibile e semplice per i bambini delle prime classi. Ma poiché l'argomento è correlato lo si può semplificare moltissimo mediante un gioco molto semplice da compiere in aula: si possono distribuire ai bambini delle immagini di diversi organismi viventi (appartenenti al regno animale, vegetale, ai funghi, ai protisti e al regno monera). Ovviamente per semplificare di molto il "gioco" si posizionano sulla cattedra tre contenitori con delle etichette, su cui ci sarà rispettivamente scritto: "Animale", "Pianta", "altro".

In tal modo, anche se non si sarà riuscito a piegare nello specifico cosa siano i cinque regni e le loro caratteristiche specifiche si sarà per certo riusciti a far comprendere la classificazione base delle specie viventi, in modo semplice e divertente, sicuramente in maniera più adatta alle nozioni e competenze del bambino.

Gli obiettivi formativi da perseguire nell'insegnamento del concetto di specie, per renderlo chiaro ai bambini, sono essenzialmente due:

- non si possono incrociare specie diverse, questo incrocio non può in alcun modo produrre prole, partendo da due specie differenti.

- la specie non è da intendersi come qualcosa di definitivo e dato per sempre, è in continua evoluzione e cambiamento in relazione all'ecosistema.

Si può, nell'approfondimento del concetto, introdurre il tema dell'estinzione di una specie in relazione all'intervento umano e non solo.

- Biodiversità ed ecosistema.

Quando il bambino avrà assimilato le caratteristiche essenziali degli elementi naturali e le specie e la loro evoluzione, riuscirà molto semplicemente a comprendere il concetto di biodiversità.

La biodiversità comprende tutte le specie (i cinque regni), che mostrano tratti distintivi e differenti e in virtù di questo avendo bisogni diversi tra loro, vivono in un ambiente specifico che permette loro la sopravvivenza, altrimenti impossibile. Continuando con il "gioco della classificazione", in modo similare si può condurre il medesimo obiettivo formativo con gli ambienti di riferimento, in altre parole con gli ecosistemi. L'ecosistema è l'habitat che gli esseri viventi scelgono per sopravvivere. Si può in tal caso far disegnare ai bambini un paesaggio con il cielo, le montagne, un fiume, delle case, un bosco e in lontananza il mare ecc; poi ad ognuno si consegna un diverso essere vivente (rondine, trota, scoiattolo, uomo, funghi, alghe ecc) e si chiede a turno di attribuire ad ogni essere il proprio ecosistema, cercando di argomentare la propria scelta.

Per inserire questo argomento nel programma di geografia è essenziale concentrarsi su alcuni aspetti peculiari della biodiversità. Dal punto di vista naturalistico si dovrà aiutare i bambini a comprendere come vi siano delle modificazioni indotte nel paesaggio e più in particolare nella regione da parte delle attività agricole/industriali condotte dall'uomo; si dovrà inoltre far comprendere quali siano gli interventi umani ritenuti dannosi o pericolosi per gli ecosistemi e le possibili misure da adottare per contrastare l'inquinamento e i danni arrecati ad un determinato habitat.

Per costruire un percorso didattico interdisciplinare, che abbia al suo interno l'obiettivo di chiarire il concetto di specie in relazione alle tematiche ambientali e all'intervento umano sugli ecosistemi e sugli elementi naturali alla base di esso, non si può esulare dal seguente iter:

- presentare le specie a rischio di estinzione e quelle già estinte,

-chiarire le cause scatenanti del processo di estinzione, mediante lo studio delle modifiche dell'ecosistema in cui la specie vive,

- esaminare l'intervento umano sull'habitat e le sue possibili alterazioni; con particolare attenzione a tutte le attività condotte dall'uomo, non solo produttive ma anche ad esempio gli incendi dolosi o le attività venatorie e il bracconaggio.

- valutare la specie in termini evolutivi di adattamento ad un dato territorio/ecosistema.[21]

I concetti fin ora esaminati sono alla base non soltanto dello studio dell'EA, ma sono da ritenersi gli argomenti basilari che risultano

[21] Persi R., *L'ambiente a scuola. Processi formativi e approcci metodologici,* Franco Angeli, Torino, 2003

necessari per gli alunni per essere iniziati al tema dell'effetto serra e delle sue implicazioni sull'ambiente e la responsabilità umana.

È impossibile spiegare che cosa sia l'effetto serra se non si posseggono conoscenze di base relative alle specie, agli elementi naturali e agli ecosistemi che in fin dei conti sono i principali protagonisti investiti dall'effetto serra.

3 L'effetto serra spiegato ai bambini: "Dorella e Ozzy ozone".

Oggi, più che nel passato, con l'ingente quantità di informazioni trasmesse sul web, l'insegnante ha molti più strumenti a disposizione per perseguire i suoi obiettivi formativi. Non soltanto sono di più facile reperimento ma hanno caratteristiche più accattivanti per le giovani generazioni molto propense, già in giovane età, alle nuove tecnologie o in ogni caso a supporti differenti da quelli tradizionali. Ciò accade anche per temi scientifici e ambientali come l'effetto serra. Il 21 ottobre 2014, è stato presentato a Venezia, in occasione del ICCG Think Forward Film Festival dell'International Center for Climater Governance[22], un breve corto diretto da Umberto De Giovanni,

[22] Il ThinkForward Film Festival ha l'obiettivo di approfondire, discutere e divulgare, attraverso cortometraggi e lungometraggi, il tema dei cambiamenti climatici e le questioni legate all'efficienza energetica e alle energie rinnovabili. Il ThinkForward Film Festival è un progetto dell'International Center for ClimateGovernance (ICCG), un'iniziativa congiunta della Fondazione Eni Enrico Mattei (FEEM) e della Fondazione Giorgio Cini, oggi centro di ricerca di fama internazionale sui cambiamenti climatici e sulle tematiche legate alla governance del clima.
http://www.thinkforwardfestival.it/assets/Uploads/scuole/attivit-tfff-scuole-superiori.pdf

ricercatore dell'Istituto di biologia e biotecnologia agraria (IBBA) del Cnr di Milano.

Il cartone animato, della durata di circa otto minuti è destinato ai ragazzi delle scuole primarie e secondarie di 1° grado, affronta il problema del surriscaldamento del nostro Pianeta e dell'inquinamento atmosferico, provocato dalle attività umane che spesso si basano sull'uso di fonti energetiche non rinnovabili quali il petrolio, il carbone fossile, il gas naturale e il nucleare. Viene dato un largo spazio al concetto delle fonti di energia rinnovabili, si mostra come liberando grosse quantità di anidride carbonica e di altri gas, ciò vada a contribuire l'aumento dell'effetto serra e a rendere, quello che è un processo naturale e necessario, un preoccupante punto di riflessione sulle sorti del nostro ecosistema. Come detto, nel filmato viene spiegato come contrastare l'effetto serra, infatti, mediante l'uso delle energie rinnovabili, quali quella solare termica, l'energia eolica e il fotovoltaico, la geotermia e l'energia idroelettrica, si possano ottenere tutte fonti di energia "pulita" rinnovabile che non danneggia il nostro pianeta.

Viene poi introdotto un interessante studio condotto sulle biomasse, in un primo momento le si definisce per poi introdurre un esempio concreto. Si mostra, infatti, come i semi di alcune piante oleaginose, in

particolare i semi della Dorella[23] possano essere usati per la produzione di olio da trasformare in biodiesel, che non riversa ulteriore anidride carbonica nell'ambiente perché la sua combustione ne libera la stessa quantità che la pianta sottrae all'atmosfera, durante la fase di crescita e mediante la fotosintesi clorofilliana. Questo consente di avere dei forti vantaggi dal biodiesel che risulta una fonte di energia pulita.

Immagini relative alla Dorella Camelina sativa,

sulla sinistra quella reale sulla destra quella utilizzata nel cortometraggio

---

[23] La dorella è una pianta il cui nome scientifico è 'Camelina sativa', è una antica oleaginosa non alimentare studiata da un gruppo di ricercatori dell'Ibba. Il progetto è finanziato dalla regione Lombardia. http://www.almanacco.cnr.it/reader/ArchivioVideo_vis_video.html?id_video=2555

Anche se le piante che producono biodiesel possono essere coltivate in tutto il mondo, nel caso di piante come la soia, le arachidi, la colza, il girasole, il cartamo, il sesamo e la palma da olio, la coltivazione richiede un grosso quantitativo di acqua per l'irrigazione e grandi estensioni di terra. Nel caso della Dorella gli scienziati hanno dimostrato che la coltivazione può avvenire anche in terreni poveri non adatti alla coltura di alimenti commestibili, la pianta non ha bisogno di fertilizzanti ed è molto resistente. Inoltre dopo l'estrazione di biodiesel gli scarti della Dorella possono essere usati come foraggio per nutrire gli animali[24].

L'intero cartone animato, che si intitola non a caso "Dorella -Camelina- e l'effetto serra", è basato su concetti semplici e facilmente fruibili dai i bambini, credo che questo sia un valido esempio di come si possa introdurre a scuola un supporto video diverso e più vicino al mondo dei bambini, ma allo stesso tempo pregno di contenuti significativi.

Ma questo non è l'unico cortometraggio cartone dedicato al mondo dei bambini che contiene contenuti di riflessione sull'ambiente, l'inquinamento e i problemi connessi all'effetto serra. Infatti, un altro

[24] http://www.tutto-scienze.org/2012/03/dorella-e-leffetto-serra-cartoon.html

esempio, degno di nota, meno recente, è il corto "Ozzy Ozone". Il cartone animato è prodotto dell'UNEP[25]. Nella versione italiana, il cartone è stato presentato alla Rocca di Sestola il 5 Giugno 2008 nell'ambito della "Giornata Mondiale dell'Ambiente 2008" e delle iniziative connessead altre attività di ricerca alla Stazione ISAC-CNR "O. Vittori" di Monte Cimone[26].

Il corto della durata di poco più di quindici minuti racconta la storia di un albatros (di nome Alberta) e di Ozzy una particella di ozono, che raccontano dei dannosi raggi UV di come raggiungono il suolo, di come

[25]The United Nations Environment Programme - Programma delle Nazioni Unite per l'Ambiente

[26] Istituto di Scienze dell'Atmosfera e del Clima.

i ragazzi (ma non solo) possono avere un ruolo importante nel fare la differenza e contrastare questo fenomeno.

Nalla versione italiana del cartone, curata appunto dall'ISAC-CNR è realizzata dallo Studio Florian Cinetv di Bologna, la voce di Ozzy ozone è del famoso cantante Luca Carbone[27].

Questo cartone rispetto a quello di Dorella è molto più semplice, poiché contiene molti concetti meno difficili e nuovi, per i bambini, inoltre è molto più vicino alla dimensione classica del cartone animato, ma nonostante questo, credo sia molto utile è complementare al percorso formativo da compiere sull'effetto serra e le sue conseguenze. Rappresenta a pieno un valido approfondimento sul tema del buco nell'ozono, l'innalzamento dell'inquinamento e i pericoli connessi ai raggi UV.

Per certo questi sono solo piccoli esempi di come si possa avvicinare i giovani alunni a temi nuovi e complessi, mediante metodi più divertenti e interattivi.

Entrambi i cartoni possono essere proiettatati in aula e direttamente commentati, oppure nell'impossibilità di questo tipo di supporti, si può

[27] http://www.isac.cnr.it/education.php?lang=en&idmenu=3

chiedere agli alunni di visionarlo a casa tramite una normale connessione internet insieme ai propri genitori. Ma le due cose non sono da intendersi come separate o autoescludenti. Infatti, si può e si deve coinvolgere anche i genitori in un processo formativo così costituito, proprio perché i bambini si volgono agli adulti per ricevere un modello di riferimento a cui ispirarsi. Se i genitori saranno i primi a ridurre gli sprechi e ad avere atteggiamenti positivi e rispettosi verso l'ambiente, anche i bambini saranno più motivati nel farlo.

Si può chiedere di far visionare ai genitori i cartoni, anche dopo che gli alunni lo abbiano visto a scuola, e di commentarli e argomentarli con i figli anche a casa, questo genera necessariamente nel bambino una riflessione completa che investe tutto il suo mondo e non resta rilegata al solo momento scolastico.

I video possono essere scaricati tramite i seguenti link:

- http://www.youtube.com/watch?v=7kSrToVpUcQ (Dorella - Camelina- e l'effetto serra)
- http://www.youtube.com/watch?v=rIazFkUn1xs (Ozzy Ozone)

Capitolo IV

Una idea di programmazione scolastica con esperimenti educativi

Il ruolo degli insegnanti, di tutte le discipline scolastiche non si esaurisce solo alle ore d'insegnamento in aula, ma è un percorso di ricerca e crescita che si articola anche all'esterno della scuola, non solo nella scelta dei materiali didattici, ma anche delle possibilità nuove di apprendimento che i supporti interattivi, ma anche il territorio di riferimento stesso, offrono.

Per perseguire un tale obiettivo, non solo la scuola deve essere pronta e aperta alle collaborazioni esterne con gli enti di riferimento, ma anche pronta a correggere, dove sia necessario o riordinare, i programmi didattici misurandoli sulle reali necessità da perseguire, in merito ai temi caldi che la comunità vive.

1 Associazioni internazionali per una nuova scuola.

Esistono differenti iniziative curate da associazioni ed enti che fanno dell'ecologia e del rispetto verso l'ambiente la propria bandiera.

Per semplificare la mia esposizione ho selezionato solo tre organizzazioni, molto famose, che si sono prodigate più volte per l'insegnamento di temi ambientali nelle scuole e per i ragazzi. L'insegnante in tal senso deve operarsi mediante il web per ritrovare tutte le iniziative pensate per i ragazzi, deve altresì conoscere le associazioni e gli enti che si propongono obiettivi formativi anche all'esterno della scuola. Mi riferisco ad associazioni nazionali quali Greenpeace, Legambiente e il WWF. Ciò non toglie che esistano numerose associazioni minori, dislocate nei diversi territori che si occupano di tali tematiche.

Come già detto è fondamentale nello studio e nell'insegnamento dell'EA la collaborazione che la scuola deve mantenere con il territorio e gli enti, per fornire delle attività e dei contenuti che difficilmente potrebbe fornire da sola ai suoi alunni.

- **Greenpeace**[28]

Tra le innumerevoli iniziative realizzate da questa associazione, per quanto riguarda il tema della formazione ambientale per i ragazzi, va annoverato sicuramente il progetto "Kids For Forest".

All'interno della campagna per la salvaguardia delle foreste primarie, Greenpeace ha da anni avviato il progetto "Kids for Forests", che coinvolge bambini e ragazzi di tutti i continenti.

Il pensiero su cui si basa il progetto è che attraverso scelte quotidiane corrette ognuno possa fare la sua parte per tutelare l'ambiente in cui viviamo che rappresenta un'immensa ricchezza.

Per questo motivo, i Kids For Forest imparano a conoscere le foreste, i popoli e gli animali che le abitano, prendono coscienza delle diverse problematiche e le possibili alternative per evitare il danneggiamento dell'ecosistema. Insieme ai volontari dei gruppi locali di Greenpeace, i kids raccolgono firme per le petizioni, allestiscono stand espositivi, organizzano piccole e grandi proteste nelle scuole, per fare in modo, ad esempio, che nelle classi venga impiegata solo carta riciclata.

---

[28] Greenpeace è un'organizzazione non governativa, ambientalista e pacifista fondata aVancouvernel1971.

I metodi usati sono diversi: il gioco, il teatro, la musica, i gemellaggi con i bambini dalle varie regioni d'Italia e anche se il progetto è indirizzato a ragazzi più grandi, rispetto alla fascia d'età che ho preso in considerazione, si può con una collaborazione con le classi delle scuole medie e medie superiori coinvolgere all'interno del progetto anche i bambini più piccoli.

Come testimonial del progetto, in una delle edizioni passate, sono stati impiegati due simpatici personaggi, un alce di nome Elliot e l'orso Boog. Sono, infatti, i protagonisti del film a cartoni animati "Boog ed Elliot a caccia di amici". Booged Elliot sono le guide di un lungo viaggio alla scoperta delle meraviglie della natura, dal cuore verde dell'Africa alla foresta amazzonica, dalle giungle asiatiche alle ultime foreste del nord America.

Greenpeace, inoltre ha creato un kit didattico sulle foreste, che comprende un manuale suddiviso in schede, con l'obiettivo di far conoscere ai ragazzi "Le sette foreste del pianeta", suggerendo loro azioni concrete per combattere la deforestazione[29].

---

[29]http://www.greenpeace.it/kids/

Anche se il progetto è molto articolato, come già detto, per essere proposto ai ragazzi della terza scuola primaria è un valido esempio di sprono e approfondimento per le classi più grandi. Anche se va considerata la possibilità di far visionare comunque ai ragazzi, film animati tipo quello proposto sopra. Più in generale vi sono moltissimi cartoni animati per ragazzi basati sul rispetto dell'ambiente e dei diversi sistemi viventi basta solo svolgere delle piccole ricerche e munirsi di un proiettore per permetterne la visione.

- **Legambiente**[30]

Esiste già dal 2000 una associazione di educatori e formatori ambientalisti, accorpati sotto il nome di Legambiente Scuola e Formazione[31]. Un'associazione da intendersi come un luogo in cui avviene lo scambio di esperienza per i professionisti della scuola e per gli educatori e formatori extrascolastici che si riconoscono negli ideali ambientalisti. Offre ai suoi soci attività di formazione, lavori di ricerca professionale ed epistemologica, gemellaggi con altre realtà, occasioni

[30]Legambiente è nata nel 1980, erede dei primi nuclei ecologisti e del movimento antinucleare che si sviluppò in Italia e in tutto il mondo occidentale nella seconda metà degli anni '70.

[31]http://www.legambiente.it/legambiente/legambiente-scuola-e-formazione

di dibattito politico e culturale, offe inoltre consulenza per la realizzazione di progetti educativi nazionali e internazionali, materiali didattici e informativi.

Uno degli obiettivi che Legambiente si è sempre preoccupata di perseguire è la formazione di una coscienza ambientale capace di assumere comportamenti e stili di vita sostenibili; l'obiettivo si articola in proposte educative che si caratterizzano per il contatto diretto con i diversi tipi di contesti ambientali, quali i parchi naturali, le città, il quartiere e la scuola, all'interno dei quali praticare delle ricerche sul campo, toccando con mano la rete di relazioni che caratterizza un determinato contesto.

Una ulteriore riflessione va infatti mossa alle diverse gite scolastiche che spesso si organizzano. Si possono organizzare visite guidate non solo nei parchi nazionali, ma anche nelle fattorie didattiche e nelle aree faunistiche che il territorio nella prossimità della scuola ospita.

L'associazione ha dato vita e coordina una rete di Centri di Educazione Ambientale, luoghi di esperienza situati sia in ambiti naturali che urbani, che si propongono come agenzie formative del territorio dove sono situati[32].

- **WWF**[33]

La Scuola ha un ruolo fondamentale per il futuro, per questo motivo il WWF ci parla di "Scuole semi di futuro", che possono cioè definirsi come quelle scuole che si interessano di Sostenibilità e attivamente si operano per formare una coscienza ecologica.

Il WWF e i suoi partner istituzionali o privati hanno deciso di invitare le scuole a promuovere attività che educhino alla sostenibilità supportandole con materiali e iniziative che permettano ai giovani di rafforzare la loro capacità di formulare giudizi e decisioni a favore di uno sviluppo sostenibile. L'educazione per lo sviluppo sostenibile può fornire la capacità critica, una maggior consapevolezza e forza per esplorare nuove visioni e concetti e per sviluppare metodi e strumenti nuovi.

[32]http://www.legambiente.it/contenuti/articoli/educazione-ambientale

[33]Il World Wide Fund for Nature è la più grande organizzazione mondiale per la conservazione della natura. Nato nel 1961, è presente nel mondo con 24 organizzazioni nazionali, 5 organizzazioni affiliate e 222 uffici di programma in 96 paesi

Molto interessante tra i progetti realizzati dall'associazione ritroviamo la collana dei quaderni di educazione ambientale, formata da materiali che, nel corso degli anni, sono stati proposti alle classi Panda Club[34]quali strumenti di lavoro per affrontare ed approfondire, con taglio educativo, diverse tematiche ambientali. Dal 1990 i materiali sono organizzati in un manuale per docenti e in un quaderno per ragazzi. Il manuale per i docenti è una sorta di guida che permette all'insegnante di seguire un percorso formativo, cioè gli offre gli spunti e lo indirizza per muoversi al meglio verso un iter formativo valido ed efficace.

Il quaderno per i ragazzi, pensato per poter essere utilizzato anche autonomamente dagli alunni, è ricco di immagini e di proposte operative e si integra con il manuale per docenti. Propone attività di osservazione, sperimentazione e approfondimenti pratici, spesso collegati tra loro da una narrazione. Il costo dei quaderni è largamente accessibile[35]

---

[34] Ogni anno, le classi iscritte al WWF come Panda Club ricevono i kit educativi realizzati appositamente per loro.Si tratta di materiali ricchi d'informazioni e di proposte di attività, che stimolano nei ragazzi l'osservazione del mondo che li circonda, partono dalle loro esperienze concrete e li invitano ad essere protagonisti nell'impegno per la cura della natura e del territorio.

[35] http://www.wwf.it/scuole/strumenti_per_l_educazione/i_quaderni_di_educazione_ambientale_wwf/

2 Esperimenti da realizzare con gli alunni

L'obiettivo primario che si pone lo studio della scienza è quello di creare una guida allo sviluppo cognitivo che permette di maturare un senso critico e un pensiero razionale. In altre parole il suo compito è quello di far acquisire un metodo, non quello di memorizzare meccanicamente dei dogmi fini a se stessi[36].

Per tale scopo i bambini vanno aiutati a sviluppare un rapporto positivo con la natura, sentendosi appunto parte di essa e non dei semplici spettatori.

Credo che per conseguire efficacemente un tale scopo l'utilizzo di esperimenti pratici sia basilare e fortemente consigliato, non solo per la loro vicinanza al gioco.

Infatti, condurre un esperimento è molto simile alla dimensione ludica che sottende la scoperta, la novità e si allontana dalla dimensione quotidiana un po' ripetitiva delle lezioni frontali che avvengono regolarmente in aula.

Grazie agli esperimenti pratici il bambino può:

---

[36] Fava G., *scienze della natura aspetti di didattica*, Aracne, Roma, 2005.

- Acquisire la capacità di descrivere correttamente ciò che vede;
- -passare dall'osservazione spontanea a quella organizzata;
- appropriarsi delle tecniche d'indagine rudimentali e semplici, ma ben relazionate all'età di riferimento;
- padroneggiare la sequenza operativa: pensare-fare-ripensare.

Di seguito riporto cinque differenti esperimenti che si possono realizzare in aula mediante l'ausilio dell'insegnante. Ritengo che siano sufficientemente semplici nella loro realizzazione e al tempo stesso veicolano un forte contenuto formativo-didattico sulle tematiche ambientali e in particolar modo per il fenomeno dell'effetto serra. Ovviamente sono da intendersi solo dei possibili esempi e comunque sono da integrare con lezioni e concetti come già si è illustrato nel capitolo precedente.

ESPERIMENTO N°1

(L'energia del sole)[37]

Materiali occorrenti:

1 scatola di polistirolo

1 cartoncino nero

plastica trasparente, pellicola

2 bicchieri di plastica trasparente

Scotch

Acqua

Realizzazione:

Rivestire la scatola di polistirolo con il cartoncino nero. Riempire i due bicchieri di acqua, posizionarne uno all'interno e uno all'esterno della scatola. Richiudere con la plastica trasparente la scatola e fissarla con lo scotch. Esporre la scatola chiusa con il bicchiere e il secondo bicchiere entrambi al sole. Attendere circa mezzora, aprire la scatola e controllare, infilando le dita nei bicchieri, la differente temperatura dell'acqua in essi contenuta.

---

[37] http://www.digiscuola.org/scienze/wp-content/uploads/2014/05/esp2.pdf

Dati osservati:

Questo esperimento molto semplice spiega ai bambini non solo il funzionamento di una serra ma di come si possa ottenere acqua calda direttamente dal sole in modo veloce. Si può in tal caso far riferimento alle fonti di energia pure e rinnovabili.

ESPERIMENTO N°2

(L'effetto serra)[38]

Materiali occorrenti:

2 termometri,

2 fogli di carta,

1 matita

1 bottiglia di vetro trasparente

1 orologio

l'energia del sole

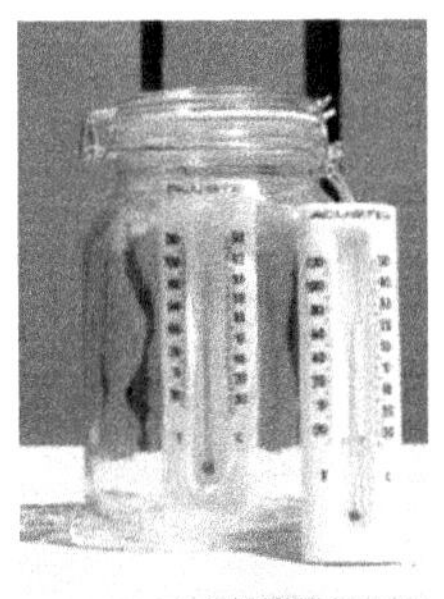

[38]http://www.dforceblog.com/it/esperimenti-di-casa-per-capire-leffetto-serra/

Realizzazione:

Il primo termometro sarà sottoposto alla luce diretta del sole, il secondo sarà introdotto nella bottiglia di vetro ed esposto al sole all'interno di essa.È preferibile mettere la bottiglia capovolta come una cupola sul termometro. Verranno, in seguito, stilare due liste delle temperature sui diversi fogli di carta: uno per il primo termometro esposto direttamente, l'altro per il secondo esposto al sole dentro la bottiglia di vetro. Dopo aver posizionato entrambi i termometri al sole, si comincia a registrare la temperatura di ogni termometro, ogni minuto per 10 minuti. Alla fine dell'esperimento si potranno confrontare i dati così ottenuti.

Dati osservati

L'aria è in continua evoluzione attorno al termometro scoperto, che subisce la miscelazione con aria fresca, mentre nella bottiglia di vetro l'aria è intrappolata, infatti non può circolare e quindi diventa sempre più calda. Mediante questo processo si può spiegare semplicemente l'effetto serra, infatti, quando la luce solare entra nella nostra atmosfera viene convertita in energia termica e il calore non può sfuggire. È importante far notare ai bambini che, mentre questo esperimento imita facilmente il comportamento di una serra, in realtà le serre non funzionano allo stesso modo come fa l'effetto serra. Infatti, quest'ultimo è una complessa interazione di luce, calore, composti chimici e molecole particolari che sono appunto i gas "serra".

ESPERIMENTO N°3

(L'effetto serra e le piante)[39]

Materiali occorrenti:

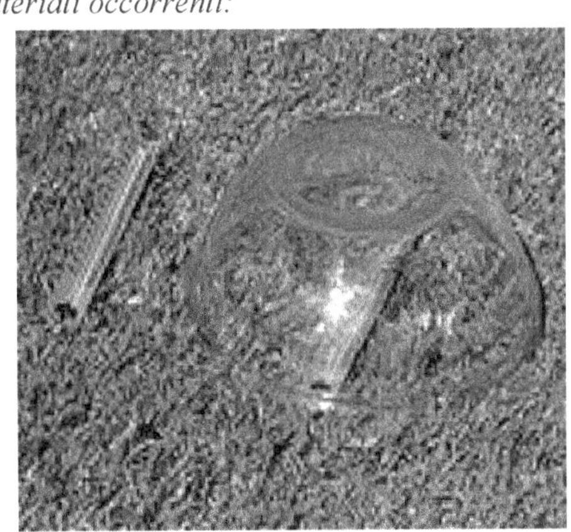

2 ciotole di vetro di grandi dimensioni

1 piccola pianta in vaso rigogliosa e viva

2 termometri

2 fogli di carta

1 matita

[39] http://www.dforceblog.com/it/esperimenti-di-casa-per-capire-leffetto-serra/

Realizzazione:

Si posiziona sotto una terrina il termometro e la pianta e li si espone al sole, in un altro luogo si posiziona l'altra ciotola con sotto l'altro termometro e li si espone al sole. Si aspetta 10 minuti dall'esposizione e si registrano le temperature di entrambe le ciotole, e si chiede di verificare ai bambini se ci siano delle variazioni tra un piatto e l'altro.

Dati osservati:

La temperatura sotto la ciotola con il suolo e la pianta è minore rispetto a l'altra ciotola con sotto solo il termometro. Ciò accade perché gli alberi e le piante contribuiscono a mitigare l'effetto serra.

ESPERIMENTO N°4

(L'estrazione della clorofilla)

Materiali occorrenti:

1 colino

1 pestello

alcool o acetone

2 ciotole di plastica trasparente

foglie verdi

forbici dalla punta arrotondata

Realizzazione:

Sminuzzare finemente le foglie e porle in una delle ciotoline. Versarvi dentro l'acetone o l'alcool e pestare le foglie triturate. Si ottiene un liquido verdognolo che verrà filtrato e posto nella seconda ciotolina.

si lascia evaporare l'intero liquido.

Dati osservati:

Quando il liquido sarà interamente evaporato sul fondo della ciotola, resteranno piccoli frammenti secchi, come un specie di polverina verde: quella è la clorofilla, che spesso, estratta dalle piante, è usata come colorante naturale. L'esperimento è molto utile per far toccare con mano, letteralmente, ai bambini qualcosa che non conoscevano e

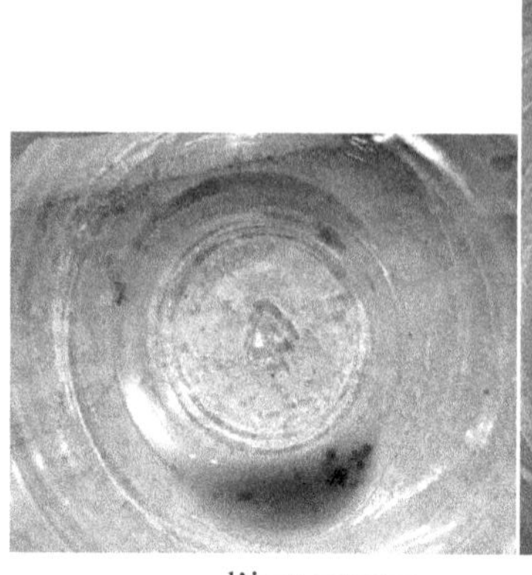

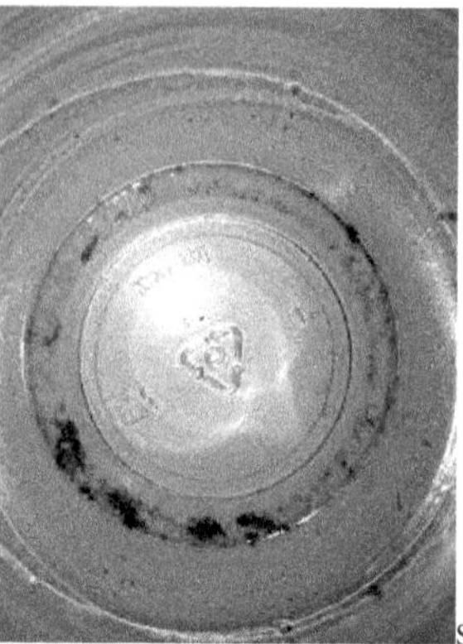

spiegarne l'importanza grazie ai concetti appresi.

Prima e dopo l'evaporazione dell'alcool.

ESPERIMENTO N°5

(L'emissione di anidride carbonica)[40]

Materiali occorrenti:

2 bottiglie in PET trasparenti da due litri

2 lattine di cola 250 ml (piene) a temperatura ambiente

2 tappi di gomma

1 bicchiere per miscelare

1 imbuto

[40]http://www.dforceblog.com/it/esperimenti-di-casa-per-capire-leffetto-serra/

1 orologio

2 termometri

1 lampada

Fogli di carta

1 matita

Realizzazione:

Versate il contenuto della prima lattina di cola direttamente in una delle due bottiglie tappatela immediatamente e agitatela bene, per circa tre minuti. Collocate al suo interno, tramite il tappo di gomma il termometro assicurandovi che sia ben fissato e che i gas all'interno della bottiglia non fuoriescano. Apponetevi un'etichetta con la scritta: "alte emissioni di CO^2".

Prendete la seconda lattina di cola versatela nel bicchiere e mescolatela più e più volte eliminando la sua concentrazione di anidride carbonica, quando il liquido non produrrà più bolle sarà pronto per essere versato nella seconda bottiglia. Tappatela e introducete anche in questa il secondo termometro, con la medesima cura, apponete ora l'etichetta: "bassa emissione di CO^2". Esponete entrambe le bottiglie al sole oppure sotto una lampada, cominciate quindi a registrare le temperature ogni minuto per circa venti minuti.

Dati osservati:

Se pur le due bottiglie siano identiche e contengano lo stesso liquido nello stesso quantitativo, si noteranno delle differenze dopo l'esposizione al sole o alla lampada. Le temperature registrate, infatti, saranno notevolmente differenti mostrando come le emissioni di anidride carbonica possano influire sul surriscaldamento globale della nostra atmosfera.

3 Iniziative artico-ambientali per gli alunni della terza classe

Come già esposto la dimensione interdisciplinare all'interno del concetto del surriscaldamento climatico e dei rischi ambientali è un punto focale su cui la didattica deve concentrarsi.

Oltre a programmare gite scolastiche, incontri mirati, far visionare ai bambini corti animati o film cartone sul rispetto ambientale è doveroso educare i bambini sulle buone norme da mantenere e i giusti comportamenti da assumere per salvaguardare il nostro pianeta dalle emissioni nocive e da tutti quegli atteggiamenti anti-ecologisti che spesso gli adulti assumono.

Un aspetto fondamentale è quello del riciclo e del riuso, non limitandosi soltanto a spiegare agli alunni l'importanza della raccolta differenziata e il suo funzionamento, ma promuovere iniziative per invogliarli a prendere in considerazione le nuove forme e quindi la nuova vita, che può avere ciò che si ritiene comunemente solo uno scarto o un rifiuto.

Ritengo comunque utile e proficuo tenere sempre ben in vista un manifesto/cartellone[41] sulle differenze dei rifiuti e osservare soprattutto in aula e nella scuola, le buone regole della differenziazione ponendo i cestini diversi per i diversi tipi di rifiuti.

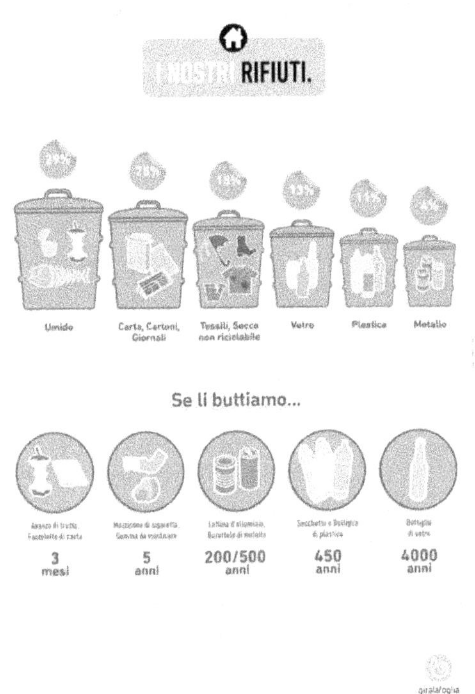

[41] L'esempio sopra riportato è tratto dal link http://saveriosolari.wordpress.com/page/2/

Inoltre per sensibilizzare i bambini è opportuno spronarli con la realizzazione di piccoli oggetti, utilizzando materiali poveri che diversamente finirebbero nel cassonetto. Già normalmente nelle prime classi della scuola primaria e media si è soliti far realizzare agli alunni dei lavoretti per le diverse ricorrenze (Natele, festa dei nonni, della mamma, del papà ecc...), proprio in virtù di questo è semplicemente necessario porre una maggiore attenzione sui lavori da proporre.

Nella pagina che segue porto alcuni semplici esempi di piccoli lavoretti che i bambini possono realizzare con l'ausilio di forbici dalla punta arrotondata, scotch, colla vinilica, colori acrilici e carta, combinati a materiali ritenuti di scarto. Per questi progetti si prestano molto bene le bottiglie di plastiche e i tappi, proprio perché sono più facili da manipolare dagli alunni di questa età.

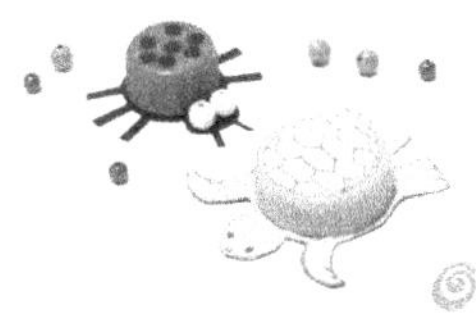

Tappi di plastica per realizzare piccoli animaletti[42]

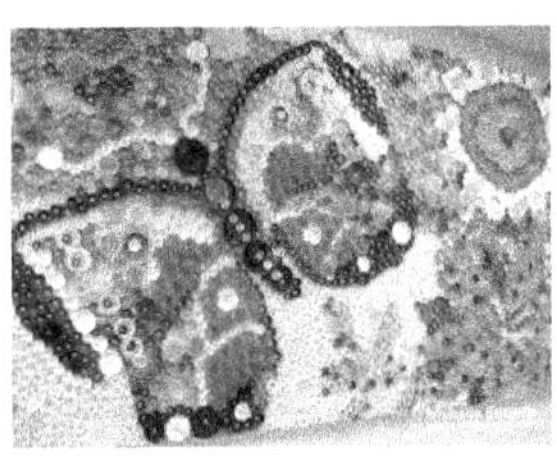

Mosaico con tappi di bottiglia[43]

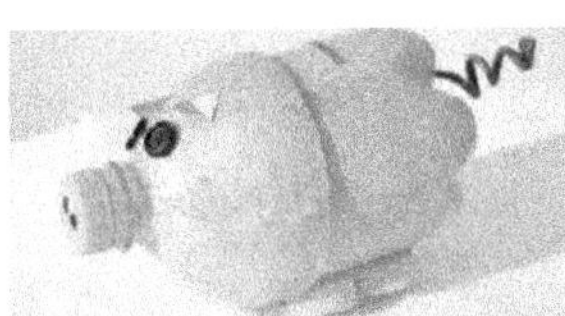

Salvadanaio maialino con bottiglia di plastica[44]

Portacandele con vecchi barattoli di vetro[45]

Simpatici contenitori fatti con bottiglie di plastica[46]

Robot realizzato con i tappi di bottiglia[47]

---

42 http://www.casaetrend.it/articles/foto-fai-da-te/2028/lavoretti-con-i-bambini-riciclare-i-tappi-di-plastica/

43 http://www.genitorichannel.it/ricette-lavoretti/riciclo-tappi-plastica.html

44 http://www.bebeblog.it/post/41787/il-riciclo-creativo-della-plastica-con-tanti-lavoretti-per-bambini

45 http://donna.nanopress.it/casa/lavoretti-di-natale-con-materiale-riciclato-qualche-idea/P272631/

46 http://www.blogmamma.it/halloween-lavoretti-con-materiali-di-riciclo/

47 http://www.genitorichannel.it/ricette-lavoretti/riciclo-tappi-plastica.html

Conclusioni

Il mio obiettivo è stato quello di mostrare una piccola strada, una fra le tante, per promuovere un cultura ambientale anche nei bambini più piccoli.

Ho cercato di evidenziare come, con piccole iniziative e accorgimenti mirati si possa ottenere un piano operativo valido e completo nel rispetto delle diverse materie d'insegnamento e allo stesso tempo mantenere livelli di apprendimento e fruibilità sensibilmente validi.

In conclusione non so se il mio obiettivo sia stato perseguito in modo brillante e esaustivo, ma credo di aver tracciato una valida bozza, un primo approccio alle tematiche dell'effetto serra e ai problemi climatici.

Gli insegnanti, oggi più che in passato, devono essere più attenti e aperti verso le nuove esigenze formative e culturali delle nuove generazioni.

In supporto alla scuola e agli insegnanti esistono numerosi spunti forniti non solo sul web, ma anche rappresentate dalle iniziative delle diverse associazioni, enti e dalle realtà territoriali stesse, basta solo non considerare la scuola come un sistema chiuso e a sé stante, ma invece come il fulcro della comunicazione dell'alunno con l'esterno, con i suoi bisogni e le sue necessità.

Bibliografia

Betti C., Di Bello G., F. Banchetti, G. Baldini, U. Cattabrini, P. Causarano, *Percorsi storici della formazione*, Apogeo, Lavis (TN), 2010

Berti A.E., Bombi A.S., *La psicologia del bambino*, il Mulino, Bologna, 1999

Camaioni L., Di Blasio P., *Psicologia dello sviluppo*, il Mulino, Bologna, 2007

Clotilde Pontecorvo *Manuale di Psicologia dell'educazione*, Il Mulino, Bologna,1999

Donsi L., *Il bambino e le regole. Un aspetto rilevante della competenza sociale,* Liguori,Napoli, 2000

Fabboni F., Pinto Minerva F., *Manuale di pedagogia e didattica*, Laterza, Bari, 2003

Fava G., *scienze della natura aspetti di didattica*, Aracne, Roma, 2005.

M. Montessori, *La scoperta del bambino*, Garzanti, Milano, 1973

Persi R., *L'ambiente a scuola. Processi formativi e approcci metodologici,* Franco Angeli, Torino, 2003

John M., Darley, Sam Glucksberg, Ronald A. Kinchla, *Psicologia vol.1. Sensazione e percezione. Apprendimento e processi cognitivi. Motivazione ed emozione,* il Mulino, Bologna, 1993

Zazza R., *Psicologia del bambino e metodo genetico*, Editori riuniti, Roma, 1973

Sitografia dei materiali di riferimento

http://www.ecoage.it/effetto-serra.htm http://www.reteclima.it/protocollo-di-

kyoto/ http://www.imille.org/2014/04/ultimo-rapporto-sul-clima-quanto-costa-la-

febbre-
del-pianeta/

http://www.educambiente.tv/effetto-serra.html

http://www.nonsoloaria.com/effser.htm

http://www.legambiente.it/temi/clima/effetto-serra

http://www.liceoberchet.it/ricerche/geo4d_07/gruppoD/buco_ozono.htm

http://www.educarsialfuturo.it/pdf/Effetto%20Serra.pdf

http://www.minambiente.it/pagina/educazione-ambientale-e-allo-sviluppo-sostenibile

http://www.thinkforwardfestival.it/assets/Uploads/scuole/attivit-tfff-scuole-superiori.pdf
http://www.greenpeace.it/kids/

http://www.legambiente.it/legambiente/legambiente-scuola-e-formazione

http://www.legambiente.it/contenuti/articoli/educazione-ambientale

http://www.wwf.it/scuole/strumenti_per_l_educazione/i_quaderni_di_educazione_ambientale_wwf/

http://www.digiscuola.org/scienze/wp-content/uploads/2014/05/esp2.pdf

Sitografiadelle immagini

- **(capitolo III)**

http://lnx.fantasylands.net/aiuto-dislessia/wp-content/gallery/geografia-il-pianeta-terra/il-ciclo-dellacqua_0.png

http://www.giralafoglia.it/La_didattica.aspx

http://www.scuolamediacoletti.org/les/schede_corpo/scambigas.htm

http://www.giralafoglia.it/Approfondimenti.aspx

http://www.iprintdifferent.com/blog/tipografia-online-e-stampa-ecologica-iprintdifferent/

http://www.almanacco.cnr.it/reader/ArchivioVideo_vis_video.html?id_video=2555

http://www.tutto-scienze.org/2012/03/dorella-e-leffetto-serra-cartoon.html

http://www.isac.cnr.it/education.php?lang=en&idmenu=3

- **(IV CAPITOLO)**

http://www.dforceblog.com/it/esperimenti-di-casa-per-capire-leffetto-serra/

http://saveriosolari.wordpress.com/page/2/

http://www.casaetrend.it/articles/foto-fai-da-te/2028/lavoretti-con-i-bambini-riciclare-i-tappi-di-plastica/

http://www.genitorichannel.it/ricette-lavoretti/riciclo-tappi-plastica.html

http://www.bebeblog.it/post/41787/il-riciclo-creativo-della-plastica-con-tanti-lavoretti-per-bambini

http://donna.nanopress.it/casa/lavoretti-di-natale-con-materiale-riciclato-qualche-idea/P272631/

http://www.blogmamma.it/halloween-lavoretti-con-materiali-di-riciclo/

Sitografia dei video (capitolo III)

- http://www.youtube.com/watch?v=7kSrToVpUcQ

  (Dorella -Camelina- e l'effetto serra)

- http://www.youtube.com/watch?v=rIazFkUn1xs
  (Ozzy Ozone)

www.ingramcontent.com/pod-product-compliance
Ingram Content Group UK Ltd.
Pitfield, Milton Keynes, MK11 3LW, UK
UKHW020241250726
13967UKWH00001B/493

9 781326 303891